JN410695

김문석 수필집

험한 세상 다리가 되어

김문석 수필집

험한 세상 다리가 되어

찍은날 / 2023년 6월 27일
펴낸날 / 2023년 6월 30일

편집 · 발행 / 황하택
펴낸 곳 / 도서출판 현대문예
등록번호/ 제05-01-0260호
등록일자/ 2001년 12월 31일

주소 / 광주광역시 동구 천변우로 361-6
전화 / (062) 226-3355 팩스 / (062) 222-7221
cafe.daum.net/ht3355
E-mail / ht3355@hanmail.net

정가 15,000원
ISBN 978-89-94028-91-0 03800

이 책은 제주특별자치도, 제주문화예술재단 지원을
받아 발간되었습니다.

작가의 말

우리는 하루 하루의 삶 속에서 의미를 찾아가며 "행복한 마음을 채우기 위해 많은 사람들을 만나고 많은 것을 보고 듣고 생각하며 살아 간다.

그러다가 작가의 작품 생활을 통하여 올바른 마음 사용법을 알게 된다.

마음 사용법은 의외로 간단해서 날마다 눈을 뜨면 제일 먼저 생각하는 나의 마음에 불편하다고 대답하면 어떤 이유로 불안한 지를 알아가는 일을 습관적으로 하다 보니 마음은 어느새 내가 생각하는 범위보다 훨씬 커져 있었고, 나를 지켜낼 수 있는 엄청난 힘을 가진 작가로 또 하나의 내가 되어 있다는 것을 알게 되었다.

공직 생활에서 작가의 마음으로 바뀐 나의 삶에서 모든 것이 숨쉬는 것에서부터 감사의 마음으로 자동 변환이 되었다. 또한, 마음은 기적을 만들어 주는 놀라운 일도 선물하였고, 사람 부자를 만들어 주기도 했다.

글을 쓰다보면 사람의 가치를 '같이'로 함께 채워가며 살아가고 있는 지금이 참 좋다. 인생의 봄은 누구나의 마음에 동일하게 찾아오는 것을 알게 되었고, 마음에 말을 걸 때마다 내 마음속 밭에 꽃씨 하나는 흔들리며 자라날 준비를 하면서 세상의 모든 마음들에게 '힘내'라는 말을 해주고 싶어진다.

나의 첫 작품 "험한세상의 다리가 되어"가 언어의 뿌리가 생각이고 생각의 뿌리가 마음임을 알게 하는 큰 뜻을 담고 마음밭에 '옳고 바른 마음'으로 뿌려진 씨앗은 희망이 되고, 지혜가 되고, 꿈이 되어 세상을 향기로운 미소로 채색하는 언어의 작가이자 언어의 마법사처럼 빛이 되었으면 좋겠다.

나는 앞으로도 손색없는 수필작가에 길을 걸어갈 것이다. 그러기 위해선 나의 부족한 부분은 채워가며 작가 선배들과 작가의 세계를 공유하며 소박한 꿈을 실현하는 데도 최선을 다 하고자 한다.

그리고, 이 자리를 빌어 수필가로서의 멋진 인생 2막을 열어가는데 도움을 주신 모든 분들에게 존경과 감사의 말씀을 전하고 싶다.

2023년 6월 **김 문 석**

 축하의 글

생명이 숨 쉬는 곳에서

제주하면 사람들은 먼저 설레인다.

푸르른 물결로 사면에 세상 창문을 내놓고 낭만적인 삼다도라 일컬어지고 있는 누구나의 추억과 행복의 요람지다.

이러한 생명이 숨 쉬는 고향에서 공직생활과 아름다운 문학인 김문석 수필가는 세상만사 조명한 작품들을 "험한 세상 다리가 되어" 란 금자탑을 세우듯 출간하여 어두운 곳 밝은 세상을 켠켠히 밝혀 오늘에 산 자들에게 희망과 꿈을 주었으니 어찌 축하를 하지 않겠는가 세월 녹아내면서 그 열정을 높이 새겨 진심으로 노고에 대해 감축드린다.

사)대한민국문학메카본부 이사장
현 대 문 예 발행인 황하택

김문석 수필집 **

험한 세상 다리가 되어

사랑

행복

(사)서귀포룸비니청소년선도봉사자회(청소년상담소) 비영리 법인설립 기념
시지역 학업의지 청소년 장학금 지원" 및 자매결연 룸비니 회원 결집
남북평화통일기원" 백두산 채토 흙 라산 채토 흙 합토식
10. 20. 18:30 중문리조트 - 자매결연단체 룸비니산악회, 전주룸비니산악회 -
LUMBINI

LUMBINI
에게 꿈과 희망을....
니청소년상담소

험한 세상 다리가 되어

제주토박이로 태어나 어릴 적부터 배고픔에 시달려 가난의 설움을 뼈저리게 느꼈기에 이를 이겨내기 위해 이를 악물고 공부를 하여 경찰공무원이 되었다.

이 험난한 세상에 어려운 사람들에게 빛을 주는 봉사자가 되어 나의 초년시절에 겪었던 삶과 같이 힘들게 살아가는 청소년들에게 조그마한 힘이라도 보태리라 자처하였다.

그래서 시작한 청소년 상담 활동과 병행하여 가정에서의 대화 결여 등 갈등으로 각종 일탈 행동을 하거나 학교에서 부적응하는 학생들이 바르게 성장할 수 있도록 다양한 선도활동을 벌였을 뿐만 아니라 사회에서 소외 받고 있는 소외계층(무의탁 노인, 시설 보호 아동 등)을 대상으로 약 30여 년간 아내와 함께 매달려왔다.

서귀포에서 '서귀포룸비니청소년상담소'를 개설하고 한해 100여 명 정도 일탈한 비행청소년들을 상담하고 있다. 우리 상담소에서는 가출 등으로 가정이나 학교의 힘으로는 도저히 감당이 안되는 학생들을 대상으로 상담의뢰를 받고 있다.

어느날 아이들과 점심을 먹기 위해 시내의 한 식당에 들어갔다. 그런데 여기서 우리 아이들의 문제점이 어디에 있는지 한눈에 간파할 수 있었다. 학생들이 밥을 한 그릇씩 뚝딱 비우더니 밥을 더 먹어도 되냐고 해서 그러라고 마음껏 먹으라고 했더니 세 학생은 대 여섯 그릇을 뚝딱 지웠다. 사실은 이 학생들이 집에 들어가도 가족의 무관심으로 인한 결핍된 애정 때문에 밥 한끼 제대로 챙겨 먹여줄 사람이 없는 결손가정 아이들로서 방황하는 아이들이 대부분이었기

한 끼라도 먹을 수 있을 때에 최대한 많이 먹어 두어야 하루를 버틸 수 있다고 하는 처지의 아이들이었다. 그 가운데 특히 영호는 부모님이 모두 돌아가시고 가족이라고는 할아버지밖에 남지 않았는데 현재 암 투병 중이다. 그래서 손주가 언제 혼자가 될지 모른다며 자탄하여 할아버지께서 눈물을 흘리신다고 한다.

가정에서도 학교에서도 감당할 수 없었기에 소외된 청소년들은 어두운 그늘 속에 방황하는 아무도 보살피지 않는 외로운 아이들이었던 것이다.

이후 지속적인 상담으로 아이들의 상처를 보살펴 주고 있으며 그중 영호는 성인이 될 때까지 친아버지처럼 보살펴 주기로 했다. 처음에는 영호가 쑥스러워 하더니 이제는 "아빠"하고 곧잘 부른다.

이 아이들과의 상담으로 우리 아이들이 비뚤어지는 이유를 다시

확인할 수 있었다. 그리하여 이들을 선도하기 위해서는 '청소년들은 우리 모두의 아이들'이라는 확고한 신념이 필요함을 절감하였다.

그동안 자원봉사활동과 후원 활동을 하면서 참 많은 일들을 겪었다.

그중에서도 오래전부터 알코올 중독 증세와 정신분열 등의 질환을 앓고 있는 부친으로부터 도끼 등으로 폭행당하며 살고 있던 아이들의 가슴 아픈 이야기가 있다.

아버지는 집안 냉장고, 세탁기, 장롱, 밥상 등을 도끼로 찍어 부수고, 95세(당시 나이)의 할머니 멱살을 잡고 돈 내놓으라며 끌고 다니는 등의 폭행을 일삼았다. 겁에 질린 아이들은 할머니와 함께 부산 고모 집으로 피신했다가 다시 집에 돌아왔지만 계속되는 부친 횡포로 어쩔 수 없이 할머니를 집에 남겨두고 아이들은 결국 피신하게 되었다.

하지만 집에 혼자 남겨진 할머니가 걱정되어 아이들은 할머니와 함께 동네 밀감과수원 비닐하우스에서 은신하며 학교를 다닐 수밖에 없었다.

아버지는 학교에까지 찾아와 폭행을 저질렀다. 바로 현장 확인을 한 결과 이 모든 게 사실로 드러났다. 너무도 안타까운 사실에 이 가족을 적극적으로 도와주고 싶었고 모든 자원을 통해서라도 해결하고 싶었다.

아이들은 먼저 아버지의 형사적 처벌보다 정신적 질환을 치료해달라고 했다. 이에 평소 도움을 준 지인을 통해 제주연강병원에 장기 입원할 수 있도록 했다. 또한 주변의 자원봉사자와 학교 선생님들의 도움으로 집안 방역소득을 실시했고, 학생들의 학업

성적 향상을 위해 박봉을 쪼개 학원비, 부식비, 생활비 등을 지원해 주었다.

관할 동사무소에 협조를 구해 아들의 폭행으로 시달렸던 할머니의 경우 생활하는데 불편함이 없도록 화장실 등을 신설할 수 있도록 지원해 주기도 했다. 입원 중인 부친은 많이 호전되어 지금은 아이들이 두렵기만 하던 아버지를 자유롭게 면회한다고 한다.

그 이후 퇴원해 행복한 가정을 이룰 수 있도록 끊임없는 관심을 갖고 선도와 보호해 주었고, 현재까지 약 12년간 아이들의 가정을 수시로 방문하며 상담과 지원활동은 물론 보호자 역할을 하고 있다.

할머니는 이제 눈을 감아도 손자들을 맡아 줄 새 아들이 있어 편히 눈을 감을 수 있을 것 같다는 말을 자주 반복하면서 기뻐해 하며 아이들은 자신들도 커서 꼭 성공해 삼촌같이 우리 사회에 어려운 사람들을 위해 도와주는 사람이 되겠다고 약속했다.

결과 오늘날 남동생은 제주대학교 건축학과를 졸업해 건축사 활동을 하고, 누나는 제주대학교 인문사회학과를 졸업해 여자경찰관으로 당당한 삶을 살면서 사회에 꼭 필요로 하는 사람으로 성장하겠다는 약속을 지켜나가고 있다. 아버지는 자식들이 커가는 모습을 보면서 가족들을 위해 새로운 삶을 살아가고 있다. 이게 바로 내가 해야 할 일을 하는 이유였다고 생각하니 몸은 힘들어도 마음만은 뿌듯했다.

지금까지 우리 이웃에서 소외를 받으며 주린 배를 움츠리고 방황하는 청소년들에게 조금이나마 희망을 이어주기 위해 오늘도 어렵고 힘든 소외계층 청소년들에게 용기와 희망을 주는 청소년 상담 및 선도 활동, 한해 300~400여 명의 청소년들과 함께하면서 학교와 가정 등에서 청소년범죄 가담 등 일탈 행위로 얼룩진 청소년들에게 학업을 계속할 수 있도록 지원을 하며, 우리나라 미래 우수한 인적자원을 지키기 위해 내가 하는 일은 행복이고 그게 바로 멈출 수 없는 봉사자의 이유라는 굳건한 신념으로 살아왔다.

오늘도 보이지 않는 나의 마음의 텃밭에는 우리 미래의 꿈나무인 청소년들이 다양한 '인人꽃'으로 파릇파릇 피어나고 있다.

남의 탓 아닌 내 탓

'신발 끈을 묶고 오늘도 나를 찾아서……'

오늘은 학교 밖, 가정 밖 청소년들과 함께 제주역사를 바로 알고 직업진로 체험과 효명상 프로그램을 운영하는 날이다.

체험활동은 제주도민들도 잘 모르는 내용에 제주 아픈 역사를 해설사 해설을 통해 바로 알고 학업을 포기했던 아이들에게 진로 직업 체험과 효명상을 통한 부모와 자식 간 소통을 위한 프로그램을 선정하고 사단법인 서귀포룸비니청소년선도봉사자회 주관으로 참가자 모집 공고로 58명이 아이들이 참가 신청을 했다.

체험활동은 아침 8시부터 저녁 8시까지 일정으로 서귀포 시민회관 앞에 집결하고 인원파악을 마치고 출발 전 인솔 선생님께서 아이들에게 체험시간과 효 명상 시간에는 학생들 간 쓸데없는 잡담으로 피해를 주지 않도록 주의를 주시면서 1회 지적 시마다 봉사시간을 감점하겠다고 겁을 주었다.

첫 체험은 제주국제명상센터에서 효명상 시간이다. 지도 교수님이 효 명상이 중요성을 알기 쉽게 설명해 나갔다.

그러기를 얼마나 지났을까?

지도 교수님이 호흡명상을 중요성을 알려주고 있는 그때 하필이면 선생님께서 처음 출발하면서부터 친구와 잡담을 하다 지적을 받았던 그때 두 녀석이 뭔가를 주고받으면서 눈웃음을 칠 때 인솔 선생님의 레이다에 걸린 두 녀석은 바로 지적을 받고 벌점이 부과됐다.

벌점을 받은 두 녀석은 속이 상했는지 투덜대며 인상을 찌푸렸다.
먼발치 선생님이 들리지 않을 거라 생각하고 혼잣말로 선생님의 지적에 억울하다며 중얼거렸다.

선생님이 호흡명상 체험에 집중하라고 하여 지도 교수님이 알려주는 호흡명상에 대해 기록하기 위해 볼펜이 없어 친구에게 볼펜을 빌리고 고마운 마음을 눈웃음으로 표현했을 뿐인데
왜 벌점을 주시는 거지?
기분 나빠! 너무한다며 불평했다.

선생님은 그 녀석의 얼굴 표정과 어렴풋이 들리는 넋두리를 듣고서는 두 녀석에게 그만해 라며 두 번째 주의를 주었다.
처음부터 억울한 생각에 사로잡힌 두 학생은 서로 바라보며 계속 투덜거렸다.

다음 순간 선생님은 가차 없이 두 번째 벌점을 부과했다. 학생은 더더욱 기분이 나빠졌다.
어떻게 했길래 지금과 같은 상황이 벌어졌을까?
나는 그 상황을 지켜보다 너무 억울해하는 두 녀석을 쉬는 시간에 불렀다.

왜 억울하니? 왜 지적을 받았다고 생각하니 라고 묻자 억울하다며 열심히 호흡명상을 배우고 중요한 건 메모를 하려고 친구에게 볼펜을 빌린 것밖에 없다는 것이다.

잠시 두 녀석에 넋두리를 듣고 나서 남의 탓을 하면 마음이 편하니?

막무가내 억울하다고만 표현할 것이 아니라 누구를 원망하기 전에 우선 내 탓이라는 걸 인식해야 한다.

첫 번째는 지적하신 선생님께 먼저 수긍하고 선생님 죄송합니다. 공손히 대답하고 마칠 때 조용히 선생님을 찾아가 자초지종 사실을 말씀드려 선생님의 오해를 풀 수 있는 방법을 찾는 것이다.

두 번째는 동사섭의 가르침에 따라 일어나는 상황을 있는 그대로 받아들이고 지적에 대한 자신의 잘못한 행동에 인식하는 것이다.

선생님이 주의사항 규정을 어겼다고 지적을 하시는구나

선생님이 벌점을 주시네 라는 상황에서 아마 멀리서 보고서 착각을 하셨겠지 그래도 더 많은 벌점을 주시지 않아서 다행이야 라는 긍정적인 생각을 갖는 것이다.

세번째는 선생님이 나를 지적하는 상황은 감정은 상대방에 속한 것이 아니라 감정은 나의 것이라는 인식으로 불쾌한 느낌과 감정에 휘말리지 않는 것이다.

네 번째는 나의 감정을 스스로 해결할 수 있는 노력이 자기 자신에게 위로를 해 주는 것으로 그래!

오해를 받아서 마음 상하지?

속상하겠다 하면서 긍정적으로 쓰담쓰담 자신의 머리 쓰다듬으며 마음의 안정을 찾아보는 것이다.

그랬으면 화도 나지않고 더 많은 벌점도 받지 않고 기분도 상하지 않았을 텐데…

원인제공은 사람을 통해 있고 오해는 서로의 소통부재에서 생겼으니 남의 탓이 아닌 내 탓이 아닐까?

이번 체험활동에서의 학습효과는 남의 탓이 아닌 내 탓이라는 인식의 변화로 방황하는 아이들에게 희망으로 이어주고 자아발전에 시간으로 하루가 저물어 갔다.

장맛비의 추억

제주엔 6월 중순이며 우리 일상으로 찾아오는 장마철!

장마 하면 많은 비와 찌푸린 안개, 집안 내부에 곰팡이를 연상케 한다.

6월 19일 아침 잠에서 깨자마자 출근길 첫차를 타려고 출근 준비를 위해 5시에 일어나 분주하게 움직였다

창 밖에 찌푸린 날씨가 걱정되어 TV를 켜 일기예보를 시청했다. TV에선 오늘부터 제주지역을 시작으로 올 장마가 시작된다는 일기예보다. 올해 2월 3일부터 근무지가 제주시라 버스로 서귀포와 제주시를 오가는 출근길에 비를 막을 줄 우산을 챙겨야지 했는데 깜빡하고 그대로 집을 나선 것이다.

버스 탈 때까지는 비가 내리지 않기를 바라는 마음으로 버스 정류장으로 차를 몰고가 차를 주차시키고 정류장으로 걸어가는데 나의 소망과 믿음과는 상관없이 갑자기 하늘에서 쏟아지는 빗줄기와 요란한 천둥소리, 뒤따르는 번개가 새벽 아침 6시에 어두운 하늘을 일시적으로 환하게 번쩍이며 요동을 쳤다.

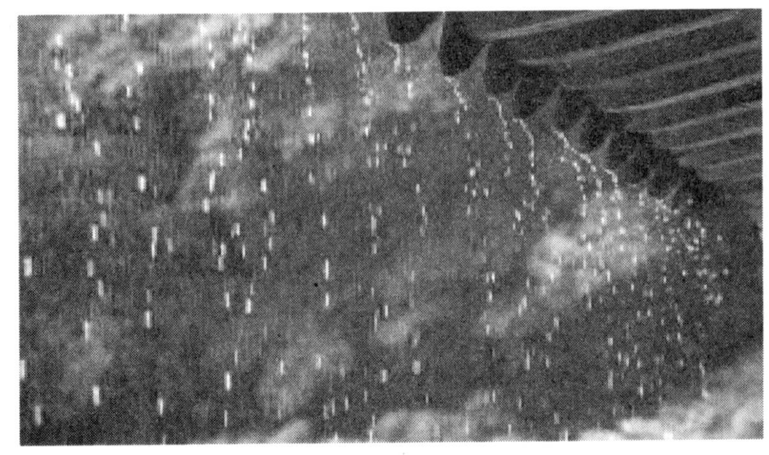

비를 피하려고 제주시로 가는 281번 첫차를 타려는 버스정류장으로 걸음을 재촉하며 내달렸다.

6월이라 아침 출근길은 아직도 어두워 지나가는 자동차 헤트라이트가 내리는 빗물에 헤트라이트 불빛에 반사되어 눈이 앞을 가렸다. 오랜만에 내리는 거센 장마 빗줄기가 하늘에 구멍이 뚫린 듯 인정사정없이 도로에 한가득 쏟아져 내렸다.

첫 장맛비치고는 많은 비에 양이다. 갑자기 쏟아진 빗물에 도로 군데군데 배수구에 물이 꽉 차서 도로에 빗물이 고여 차들이 질주할 때마다 도로 위에 파도같이 출렁였다.

버스정류장에 비를 피하고 서서 버스를 기다리는 동안 멍하니 쏟아지는 빗줄기와 물흐름 관찰도 잠시 한눈 파는 사이에 출근길 첫차를 타는 것을 깜빡하고 첫차를 놓친 것이다.

아차 안돼하면서 지나가는 버스를 향해 손을 흔들며 세워달라고 했는데, 버스기사는 정류장을 지나쳐 20여 미터를 간 후 차를 세워줄 듯하여 버스를 쫓아 뛰어가는데 버스는 야속하게도 그대로 가버렸다.

출근길 첫차를 놓치면 어김없이 내겐 정시 출근이 안되는 상황이라 망설임 없이 출근길 주차 시켜둔 자가용을 운전하고 출근하기로 하고 제주시를 향해 차를 몰았다. 그런데 차량 앞 유리에 떨어지는 빗물은 시야를 가릴 정도로 양동이로 퍼부었다. 쏟아지는 장맛비에 원망하며 달리기를 얼마의 시간이 지났을까?

그칠 것 같지 않던 비가 성판악 고개를 넘자마자 어린아이 울음 그치듯 뚝 멈춘 게 아닌가!

차량 내에서 올려다본 하늘은 밝아오는 새벽 아침을 청자빛으로 청명하게 빛나고 있는 것이 아닌가 같은 제주 하늘 아래 제주시와 서귀포가 이렇게 다른 하늘을 할 수 있는 걸까?

오늘 아침 출근길은 올 첫 장마의 추억으로 남는 하루 남기며 차는 한참을 달려 근무지인 오라지구대에 도착하고 새삼 제주의 두 하늘을 개벽하는 즐거움이 있는 하루였다.

어머님 전상서

늘 그 자리에 계실 것 같았습니다.

어머님은 돌아가시지 않을 거란 생각에 무심히 살아왔습니다.

이제 돌아가셔 다시 볼 수 없는 나의 어머님!

한평생 자식 위해 희생으로만 살아오신 어머님이 올해 4월 25일 오전 11시에 서귀포의료원에서 이 세상과 이별을 고했다.

살가운 사랑표현을 안 하셨어도 속 깊으신 어머님의 사랑 떠나신 뒤에야 꽃잎 속을 열어 본 듯 이제야 깨달아 참회의 눈물을 흘립니다.

어머님께선 자식들에게 추위 겨울엔 따스한 햇살이셨고, 더운 날씨에 시원한 그늘이 되어 주셨습니다.

누가 강요도 안 하셨는데 자식 위해 모든 정성과 희생으로 살아오셔도 공을 내세우지 않고 품에 안기만 하신 한량없으신 어머님의 사랑……

어머님의 사랑과 보살핌 덕에 저는 꿋꿋하게 성장하여 반듯한 직장과 사랑하는 아들과 딸을 낳고 예쁜 마누라를 둔 가장이라고 하나, 철부지 없는 아들을 위해 밤낮은 뜬 밤으로 지낸 세월이 얼마나 할까?

그래도 나를 자식이라 믿고 내 늙어 힘들 때 우리 어머님은 자식들이 아파하고 힘들어 하는 것을 한눈으로 알아보았건만 자식인 난 어머님의 아픔을 알아보기는커녕 어머님의 아픔을 참으시라고 짜증만 부린 이 자식이 얼마나 원망스러웠을까?

어머님께서 원망스럽고 철없는 자식을 뒤로하고 돌아가시고 나서야 그 마음을 깨닫고 잘 해드릴려 해도 어머님이 영영 우리들 곁을 떠난 뒤라 이미 때는 늦었음을 알고 후회하고 있습니다.

올해 5월 가정의 달은 제겐 정말 슬픈 추억과 눈물뿐이다. 어머님이 돌아가신 지 6일 만에 찾아온 가정의 달 오늘따라 어머니 은혜 노래가 나의 심장이 떨리게 울컥하며 숨이 막혀온다.

낳으실 제 괴로움 다 잊으시고
기를 제 밤낮으로 애쓰는 마음,
진자리 마른자리 갈아 뉘시며,
손발이 다 닳도록 고생하시네.
하늘아래 그 무엇이 넓다 하리요,
어머님의 희생은 가이 없어라.

어려서는 안고 업고 얼러주시고, 자라서는 문에 기대어 기다리는 맘, 앓을 사 그릇될 사 자식 생각에, 고우시던 이마에는 주름이 가득, 땅 위에 그 무엇이 높다 하리요, 어머님의 정성은 지극하여라.

사람의 마음속엔 온 가지 소원,
어머님의 마음속엔 오직 한가지,

아낌없이 일생을 자식 위해, 살과 뼈를 깎아서 바치는 마음,
인간의 그 무엇이 거룩 하리요!
어머님의 사랑은 그지없어라.

아 사랑하는 나의 어머님 !

비가 오나 눈이 오나 즐거울 때나 슬플 때도 자식 걱정에 밤낮을 고생해 가며 우리 가정에 든든한 울타리가 되어 지켜주셨건만, 이 불효자식들은 어머님께서 병환으로 그렇게 아파하며 고통 속에 살아오셨건만, 어머님이 돌아가시고 나서야 어리석음을 깨닫고 참회의 눈물을 흘리며 용서를 구합니다.

어머님!

이젠 불러도 대답 없고 자식이 힘이 들어 어머니를 찾아도 이젠 뵐 수 없는 길을 가셨으니 이제 어찌해야 합니까?

어머님께서 살아생전 음식을 삼키지 못해 야윈 모습에 힘이 없어 걷지 못할 때도 정신적으로나마 걱정과 지지로 힘이 되어 주셨던 어머님!

이제 아미타 부처님 품 안에서 이승에서의 못다 행복을 누리소서……

어머님께선 우리들 곁을 떠났지만 어머님의 존재만으로 든든함을 느끼고 많은 말씀 하지 않아도 살풋한 웃음만으로 이심전심 오가는 마음이었는데 이제 흰구름 되어 떠난 빈자리는 공허롭기만 합니다.

자식들에 일이라면 항상 열일 제쳐두고 자식 위해 희생해 주셨음에 머리 숙여 감사드립니다. 고맙습니다. 어머님!

인생이 다 그러함을 알고 있음에도 어머님을 떠나보낸 빈자리는

너무나 크게만 느껴지는 오늘입니다.

어머님께서 살아계실 때 고맙고 감사하다는 말씀을 가슴속으로 남겨두었는데 이제 그 고마운 마음을 바람결에 어머님 전에 전하고자 합니다.

다음 어느 생에서 다시 뵈올런지…
부디 아미타부처님 품 안에서 만 중생을 구제하는 귀한 인연이 되시길… 두손 모아 기도합니다.

이승에서의 어머님의 자식으로 어머님의 사랑 속에 이렇게 긋긋하게 자라게 해준 은덕과 따뜻한 연민심으로 세상 한켠을 채워 주셨던 우리 어머님, 양말희님! 항상 잊지 않고 가슴속 깊이 우리 어머님을 기억하고 사랑하겠습니다. 어머님!

어머님이 떠난 뒤에도 어머님의 향기로 우리 집안에 오래오래 남아 있도록, 이 불효자 남은 인생 어머님 전에 그 살아생전에 지은 불효를 사죄하며 어머님께서 극락왕생할 수 있도록 부처님 전에 빌고 빌어 사랑하는 우리 어머님에 극락왕생을 빕니다.

어머님 이 불효자의 불효를 부디 용서하십시오. 그리고, 어머님 부디 고통 없는 부처님 나라 극락에서 편히 영면하소서……

지나간 다음에야 안다

우리는 살아가면서 주변 사람들에게 고마움을 모르고 산다.

항상 함께 하기에 당연한 것으로 아니면 가족이니까 당연한 것으로 안다. 삶은 더러는 괴롭고 별로 행복하지 않다는 생각을 하곤한다.

그래서인지 기쁜 일보다 고통스럽고 힘들었던 슬픈 일들을 더 많이 오랫동안 기억하고 있는 것은 아닌지 모르겠다.

우린 막연한 행복을 꿈꾸기도 한다. 노력해 보지도 않고 아주 쉽게 행복을 얻으려 한다.

지금 당장 내가 하고 싶은 일과 해야 할 일을 구분 못하고 행복을 얻고자 하는 꿈에서 깨진 못하고 미루다 보면 세월은 우리들 곁을 빠르게 비켜가고 그 기회마저 떠나간다.

사랑하는 가족들과도 항상 함께할 때는 가족들이 중요성과 고마움 소중함을 모르고 지낸다.

그러나 홀연히 떠나 없을 때, 보고 싶어도 다시는 볼 수 없을 때 볼 수 있고 들을 수 있고 만질 수 있음이 행복인 것을 그때서야 안다. 더 많이 웃어주고 안아주고 손잡아 주지 못한 것을 가슴치며 후회한다.

멀리 떠난 뒤에 우리들 곁을 스치고 지나간 다음에야 소중함을 안다.

아이들과 함께한 체험봉사활동

코로나19로 가정과 학교생활 속에서의 스트레스로 힘들어 하는 청소년들을 위한 선도 지원사업으로 우리 (사)서귀포룸비니청소년선도봉사자회에서 주관·주최로 7만 그루 편백숲 군락지 고이 오름에서 노르딕워킹 체험봉사활동을 추진하기로 했다.

처음에는 청소년들이 참여나 호응이 어떠할지 걱정이 앞섰지만 묵묵히 그동안 해왔던 노하우를 바탕으로 추진하기로 하고 제주지역 몇몇 학교에 참여자 모집공지를 냈다.

그런데 뜻밖에 일이 일어났다. 코로나19로 야외 활동을 못해서인지 많은 학교에서 체험참여 의사를 밝혀와 호응이 뜨거웠다.

자 이제부터 시작인가?

우선 참여하는 아이들이 힘들지 않게 프로그램을 선정하고 사회적 거리두기에 효과적인 관리를 위해 장소를 7만그루 편백숲 피톤치드가 내 뿜는 고이오름으로 선정하고 노르딕워킹 체험활동의견을 종합하여 수업에 방해받지 않게 매주 토요일 09:00시부터 14:00까지 일정을 정하고 참여하는 아이들을 위해 간식과 중식준비를 했다.

그리고 제주적십자사 응급처치강사 동료인 제주등산문화학교 오순희 대표를 강사로 협의하여 노르딕 체험강의와 실습을 맡아 주기로 했다.

첫 노르딕워킹 체험활동시간이 되었다. 처음에는 대부분 아이들이 낯설어서인지 자기표현이 어색하고 힘든 운동은 싫어하는 편이었다.

그런 아이들을 길이가 짧은 구간 오름이지만 정상까지 인솔하는 것은 어쩌면 아이들에게 있어 모험인지도 모른다는 생각을 했다.

처음에는 체험활동 참여한 아이들 얼굴에서 체험활동 참여가 잘못된 선택을 한 것 같다는 생각을 하는 것은 아닌지 걱정스러웠던 게 사실이다.

7월 첫째주 매주 토요일 서귀포중학교 1학년 학생 50명을 대상으로 실시한 체험활동은 첫날이라 그런지 힘든 운동을 싫어하는 아이들이 참여하였는지 서로의 눈치를 보느라 억지로 하는 듯한 행동들을 보였다.

그러나 그것도 잠시 1학년 간부 학생이 강사와 봉사자 회원들의 지시에 잘 따라하며 모범적인 행동을 보이고 체험에 함께 인솔한 선생님들까지도 함께 참여하면서 잔뜩 찌푸렸던 인상들이 차츰 밝아지기 시작했고 운동을 하기 싫어했던 아이들 어깨가 열리면서 다같이 움직이는 것이

아닌가!

제주토종흑염소체험농장 주차장에 집결하고 체험전 체조와 몸풀기를 시작으로 노르딕워킹 장비를 휴대하고 강사와 봉사자 회원에 인솔하에 고이오름 정상으로 올라간 아이들이 오름정상 전망대 위에서 시선 아래로 밝게 펼쳐진 제주바다와 제주오름 군락지를 보던 아이들이 한결같이

우와 멋있다.

정말 좋다며 즐거워했다.

정상등반의 성취감에 기쁨을 만끽하는 것이 아닌가?

정상등반 기념단체 사진을 찍고 체험활동에서 느낀 점을 묻는 인터뷰가 시작됐다.

인터뷰에서도 앞다투어 나와서 느낀 점 발표에서도 하나같이 처음에는 힘들었는데 친구들과 함께할 수 있었고, 고이오름 정상을 밟았다는 데 보람을 느낀다고 했다.

봉사자회에서 준비한 간식 시간 동안 아이들은 부모같은 봉사자 회원과 선생님들과의 많은 이야기를 나누면서부터 체험활동에도 열심히 참여하는 모습에서 보람 있는 하루가 펼쳐지고 있었다.

그 중 고이오름 자락 제주토종흑염소농장 테라스에 설치된 노래방기기로 한 녀석이 노래를 하였다. 제법 노래를 잘 불러서 친구들로부터 큰 박수를 받았다.

오름등반을 한다는 말에 바로 나를 째려보며 인상을 찌푸렸던 녀석이었다. 그렇게 잘할 수 있는데 하기 싫다고 못한다고 뒤로 물러섰던 것이다.

이어 체험활동 참여 아이들에게 노르딕워킹 체험활동 참가기에 대한 설문을 받았는데 전부 다같이 감사하다는 내용과 사랑한다는 말이 다수 적혀있었다. 그리고 처음에는 힘들었지만 프로그램이 유익했다는 아이들이 반응이다.

표현만 안했을 뿐이지 코로나19로 가정과 학교생활에 스트레스를 받던 아이들이 속으로는 친구들과 함께 어울리며 함께 한 체험활동이 나름 좋았던 모양이다.

아이들은 겉으로 드러나는 것이 전부가 아니다. 아이들 마음속에 순박하고 참신한 마음이 자리잡고 있었다.

오늘도 노르딕워킹 체험봉사활동에 애써주신 서귀포룸비니청소년선도봉사자회 회원님들께 감사드린다. 아이들을 위해 정성어린 사랑과 귀한 시간을 내준 봉사자 회원들 덕에 꿈나무들이 기대에 어긋남 없이 바른 인성을 갖춘 건전한 청소년으로 성장해 나갈것이라는 믿음을 갖는다.

바로 눈앞에 그 결과가 빨리 나타나지 않아도 아이들은 하루하루 심신이 건강한 아이로 변하고 있음을 잊지 말아야 한다.

방황하는 비행 청소년들의 상담과 선도 봉사도 변함없이 오래오래 함께할 수 있었으면 좋겠다.

우리들의 관심과 응원이 방황하는 아이들에게 건전하고 인성을 갖춘 청소년으로 만들어 가는 길임을 잊지 말았으면 좋겠다.

한 아이가 건강해지면 우리 사회도 그만큼 더 건강한 사회가 될 것이라는 기대를 걸어본다.

오늘도 함께할 수 있는 청소년들이 있어 즐겁고 보람된 하루를 보낸다.

욕심인 줄 알면서도

사람들은 돈도 있고 명예도 있어 부귀영화를 누리며 살면서도 만족하지 못한다고 한다. 있을 만큼 있어도 더 채우고 가지고 싶은 욕심인 줄을 알면서도 쉽게 버릴 수 없는 게 사람에 마음인 것 같다.

내가 불자라 가끔은 부처님의 가르침을 스님들에 법문과 불교 공부에서 종종 배우는 시간을 가져보곤 한다.

법문을 하시는 스님들마다도 우리에겐 내려놓으라, 비우라고 덜 한다. 과연 내려놓는 게 무엇이고 비우는 게 뭘까?

내가 가지고 있는 게 10이면 20을 갖고 싶고 100을 채우고 싶은 마음이 생긴다. 이 마음이 우리 사람들의 마음일까?

부모들은 자식을 위해선 좋은 대학, 좋은 직장, 좋은 베필을 만나기를 원하며 자기 마음대로 좌지우지하려고 한다.

자식이 싫다며 반항하면 "네가 원하는 것을 다해줬다는 말과 함께 뭐가 불만이냐?" 고 나무라고 부부간에도 결혼 전과 결혼 후 그리고 자녀를 둔 입장에서도 상황은 달라진다.

상대의 다른 점을 인정하기보다 부정하는 것을 합리화하려고 부단 애를 쓰며 자기 주장만 강요한다.

그러다 결국 가정불화로 이어지기도 한다.

매사에 자기가 무슨 생각을 하고 어떻게 행동하며 말 속에 깔린 의도가 무엇인지 자신의 욕구를 분명히 알아차릴 수 있어야 한다.

그것들이 욕심인 줄 확연히 알면 마음은 저절로 비워지고 행동도 변화되기 때문이다.

우리 주변에는 순간순간에 많은 변화를 가져온다. 그때마다 자신이 변화되는 모습을 지켜보며 순리적으로 받아들여야 한다.

그렇지 않고 말 만 가지고 '마음 비워야지' 백날 푸념해도 허사인 것을 이젠 깨닫고 세상 이치대로 살아야 할 때이다.

세월이야 흐르고 옛 모습도 변한다. 변하기는 사람의 마음도 마찬가지다. 처음 모습 그대로 매 순간마다 현실에 맞게 사랑하는 마음으로 세상과 함께 흘러가야 하지 않을까

새해의 다짐

지난 경자년 새해를 맞이했던 것이 엊그제 같은데 벌써 또 한 해를 보내고 신축년 새해를 맞이했다.

지난 한 해를 돌아보면 코로나19로 가정과 직장이라는 울타리 속 생활이 전부였던 것 같아 1년이 허송세월을 보낸 것 같아 아쉽기만 하다.

그 와중에 보람 있는 일이 있었다면 가정과 학교생활에서 스트레스를 받는 청소년들과 7만 그루 편백숲 군락지 고이오름 노르딕워킹체험 봉사활동에서 아이들과의 만남에 마음 설레며 간식 준비와 아이들 웃음소리를 들으며 오름 정상을 향한 힘찬 발걸음 소리와 함께한 시간이 참 기뻤다.

그리고, 유명극단 배우초청 2020년 제주지역 청소년들을 위한 힐링 뮤지컬 공연도 코로나19를 뚫고 청소년들과 함께한 시간들이 그나마 다행이었다.

빠르게 지나가는 세월은 우리들에게 아련한 추억들로 남아 눈앞에 파노라마처럼 흘러간다.

내게 있어 경자년은 그 무엇보다 아쉽고 지울 수 없는 슬픔이 있다.

살아생전 제대로 된 효도 한번 못한 죄인의 마음으로 사랑하는 어머님을 여읜 것이 내게 있어 가장 슬픈 일로 기억될지도 모르겠다.

경자년 새해에 근무지가 제주시로 발령을 받고 생활 패턴이 바뀐 탓에 영원히 후회로 남을 기억들 만이 나의 마음을 아프게 한다.

바쁘다는 핑계로 아쉬움에 어머님을 떠나보낸 일은 내게 있어 후회의 눈물로 가슴이 저려온다.

하지만 신축년 한해는 경자년을 교훈 삼아 내가 먼저 꼭 해야 할 일과 나중 해야 할 일의 우선순위를 구분하고 실천해 보고 싶다.

지난날 후회했던 기억들을 되새기며 더 이상 후회 않게 어렵다고 회피하기보다 조금씩 조금씩 힘을 내어 이루고자 하는 뜻을 향해 추진해 보려한다.

바쁘다는 핑계보다 항상 여유를 갖고 미루었던 일들을 하나하나 이루어 내고 함께 했던 우리 어려운 이웃들과도 많은 시간을 만들어 보고싶다.

구슬이 서말이라도 꿰어야 보배이듯 무엇보다 꾸준히 인내를 갖고 참된 삶을 살며 후회하지 않게 살아보고 싶다.

신축년 새해 새 마음을 다잡아 보면서 새해의 다짐을 해본다.

말 한마디가 희망도 주고 아픔도 준다

우린 살아가면서 의사소통을 말로 하며 살아간다.

평소하고 있는 말에도 사랑을 주고 희망을 주는 말도 있지만 우리가 쉽게 내뱉는 말 한마디가 상대에게 아픔과 상처를 주는 말도 있다.

때론 한순간 무심코 던진 말 한마디가 싸움이 되고 감정이 되어 다시 안 볼 것같이 솟구치는 감정을 드러내며 불 속에 던져진 화약과 같이 곧 터질 것 같은 분노를 사기도 한다.

그때서야 말실수를 인정하고 잘못된 말에 후회하며 생각 없이 지나가는 말로 한 것이라며 변명도 하곤 한다. 그땐 이미 상대에게 아픔과 상처를 준 주워 담을 수 없는 일이 생긴 후다

입속에서 혼자 중얼거리며 무심코 내뱉은 말인데 이렇게까지…

“그까짓 것 이해 못하냐”는 등의 말로 이해시키려 변명을 해보지만 이미 돌이킬 수 없는 일이 생긴 후다.

후회하고 후회하고 또 후회한 들 상대는 이해 못한다. 속담에도 있듯이 "한번 뱉은 말은 주워 담을 수 없다"는 말이 있다. 이 말은 자기가 소중하다고 느끼는 사람에게 항상 말을 조심히 하라고

하는 말로 말은 늘 조심하고 신중해야 한다는 뜻이다.

자신만 생각하고 상대에 대한 배려심의 부족일까?

주워 담기에는 너무 늦은 때를 우린 살아가면서 많이들 느끼고 후회하지만 그 순간을 지나고 보면 또다시 잊고 지나가는 게 삶의 이치일까?

또한, 내가 듣기 싫은 말은 상대도 듣기가 싫은 것이다.

가족이라는 이유로 친하다는 이유로 충고의 말을 한다는 이유로 무심코 내뱉는 말들……

우린 긍정적인 말보다 상대방을 부정적으로 바라보고 있진 않은가? 아니면 상대방에 대한 배려가 부족한 것은 아닐까?

상대가 한다면 "안돼!" 하지마!

"너는 어째 하는 일이다. 그 모양이야!"라며 쉽게 나무라지만 정작 자신의 실수는 합리화하려고들 한다.

그리고 궁지에 몰리면 그 자리를 언제 그랬냐는 듯 슬그머니 피하려는 갖가지의 생각들!

자신의 잘못된 판단으로 "실패하면 실패자라는 생각에 "그래 내가 하는 일이 별수 있겠어!"

잘못 판단한 생각에 대한 자신감 상실로 실망한다.

우린 이 사회에 주인공이다. 주인공으로서 당당한 삶을 살아야 한다. 부정적인 말 한마디 때문에 자신에 대한 부정적인 생각 때문에 우린 긍정의 삶을 놓치는 경우도 허다하다.

옳고 그릇됨이 문제가 아니다. 의사소통으로 행하는 말 한마디를 배려와 긍정적 희망을 주는 말로 지켜주면서 나로 인한 말 한마디가 상대에게 상처를 주고 있지는 않는 지를 먼저 돌아보고 상대방에 게 용기를 주며 세상을 아름답고 살 만한 세상으로 변화시켜 나간다면…

나의 따뜻한 말 한마디가 세상을 밝히는 힘이 될 것이다.

평소 우리가 일상에서 소통을 위해 하는 말이 상대에게 사랑도 주고 희망도 주는 말이 되도록 배려한다면 누구나 삶의 여유와 행복을 가져다줄 것이다.

지금 내가 하는 말 한마디가 우리 사회와 이웃들에게 희망의 메아리가 되어 온 세상에 퍼져나가는 말에 소중함을 일깨워 주고 싶은 날 다 같이 아름다운 세상을 만들어 갈 수 있다는 생각으로 오늘 하루도 의미 있는 하루를 보낸다.

나는 범죄심리사

나는 범죄심리사다.

어릴 적부터 가정형편이 여의치 않아 나 역시도 사랑 결핍과 소외를 받으면서 살아왔던 시절이 있었다. 그래서인지 주변에 어려운 청소년들을 돕는 데 관심을 가지면서 청소년들과 함께한 시간이 꽤 많았다.

전문 상담전문가로 활동하게 된 계기도 보면 지난 36년간 경찰관으로 근무하면서부터 우리 사회에 청소년들이 가정에서와 학교에서의 무관심 속에 방황하며 같은 또래 같은 처지에 아이들과 어울려 다니면서 청소년범죄와 비행에 가담하는 것을 줄 곧 보아왔다.

그래서일까 상담전문가가 되어 청소년들을 선도해 보기로 결심했다. 청소년들을 상담과 선도를 하려면 먼저 상담전문가 요건을 갖추기로 하고 상담 관련 교육을 통한 자격증 시험에 응시하여 20여 개의 전문상담사 자격증을 취득하고 근무시간 외에 비번 일에 상담을 하여 왔다.

그런데 어느 날 평소 알고 지내던 지인으로부터 내게 전화가 걸려왔다.

중학교 시절부터 학교폭력 피해로 이어져 성인이 된 현시점까지 같은 동리 친구로부터 폭행과 금품갈취, 그리고 사기 등 범죄 피해까지 15년간에 걸쳐 지속적으로 피해를 당하면서도 소통 부재의 가정에서 부모에게조차 말을 못하고 극단적인 생각도 여러차례 했었다고 한다며 급한 목소리로 피해 아이 상담 도움을 요청해 왔다.

나는 전화 속에 들리는 목소리가 다급하고 심각하게 들려와 다른 일을 제쳐놓고 그래도 수십 년간 상담전문가 활동을 해왔으니 혹시라도 도움이 될지도 모르겠다는 생각에 전화를 끊고 곧바로 지인을 만나기로 하고 현장으로 차를 몰았다.

내가 도착한 그곳에는 피해 아이에 40대가량 보이는 어머니와 80대 후반으로 보이는 할머니가 손자의 안타까운 마음을 해결해 줄거라는 기대감으로 두 손 모으고 나를 기다리고 있었다.

현장에 도착한 나에게 지인이 인사소개가 끝나기도 전에 피해아이 할머니가 두 손을 모으고 간절하게 손자를 도와달라며 간곡하게 요청하였다.

도움이 될까 해서 사연을 들어보기로 했다.

그 사연은 중학교 3학년 시절부터 현재 성인이 된 손자가 중학교 시절 때부터 친구에 거짓말로 인해 친구와의 잘못된 의리를 생각하며 그동안 피해를 숨기면서부터 아빠로부터 무차별적으로 폭행을 당하고, 말썽꾸러기라는 낙인이 찍히면서 자동적으로 가정에서의 부모와의 소통이 단절되기 시작되었다고 한다.

친구에게 피해를 당하고도 친구의 협박에 못 이겨 어머니에게 거짓말을 하며 여러 차례 많은 돈이 필요하다며 어머니에게 돈을 요구했고, 계속되는 금전 요구에 어머니가 아이에게 그 많은 돈이 필요한 이유를 확인하면서부터 15년간 지속적인 폭행과 금품갈취, 사기 등으로 힘들게 피해를 당한 사실을 알게 되어 아이의 어머니가 나와 친분 있는 지인에게 도움을 요청했고 그 요청이 나에게까지 연결되었던 것이었다.

나는 피해 아이 어머니와 할머니 말만 듣고는 사실관계를 확인할 수 없어 보여 피해 아이를 직접 만나기로 했다. 사단법인 서귀포룸비니청소년선도봉사자회가 운영하는 청소년상담소에서 2일 후 함께 만나기로 약속하고 만남의 시간을 약속했다.

2일 후 상담실에서 만난 피해 아이는 덩치도 제법 큰 편인 것에 비해 지속적으로 괴롭힌 친구는 피해 아이보다 덩치가 작고 왜소해 처음에는 의아한 생각도 들었다.

피해 아이와 상담을 시작했다. 상담은 상담내용을 비밀을 지켜주는 원칙으로 어머니와 별도로 상담을 하면서 피해 아이가 말하는 피해 상황을 듣고서야 친구로부터 피해를 당할 수밖에 없었던 의문이 풀렸다.

그리고, 피해를 당하고도 부모에게조차 말을 못한 이유를 확인하는 순간 참 안타깝단 마음에 어른으로서 괜히 미안했다. 계속되는 피해로 아픔과 괴로움으로 다니던 대학도 휴학하고 돈만 갔다 쓴다며 집에서는 이미 말썽꾸러기 문제아로 낙인이 찍힌 터라 부모에게 도움을 요청했다가는 더 큰 피해를 당할 것 같다는 생각으로 피해당할 때 마다 자살을 생각했다고 했다. 피해를 당하고도 아무에게도 말을 못하고 피해를 당한 피해 아이를 생각하니 15년간 얼마나 힘이 들었으면 자살을 결심했을까?

나도 모르게 여태껏 아이가 고통을 참으며 지낸 세월을 생각하니 저절로 안쓰러워 눈물이 났다.

얼마나 힘들었으면 극단적인 생각을 세 번씩이나 했을까?

아이는 내게 15년간 피해 사실을 상담사인 내게 말을 하면서 이때까지 힘겹게 참았던 억울한 심정을 털어놓으며 소리 내어 엉엉 울음을 터트렸다.

나는 우는 아이에게 '참지 말고 실컷 울어라'라는 말밖에 할 수 없었다. 아이는 한참 동안 참았던 울음을 터트리고 나서야' 선생님 나는 너무 억울합니다. 어떻게 하면 나의 억울함을 풀 수 있을까요, 아무도 자기 말을 들어주려고도 안 했고, 오히려 도움을 줄 것 같았던 아버지까지도 말썽 피우는 나쁜 아이로 이미 낙인이 찍혀 여러 차례 아버지로부터도 폭행을 당한 적이 있다며 억울하고 한편으론 돈을 마련해 준 어머니에게 죄송하여 여러차례 자살을 결심한 적이 많았다며 억울해서 못 죽고 버티다가 어머니가 많은 돈이 필요한 이유를 묻는 말에 말을 하게 되었다며 도와달라고 했다.

아이에 도와달라는 말에 나는 15년간에 있었던 내용을 상세히 듣고 도움을 주기로 하고 피해아이에 피해사항 확인과 증거 자료 등을 살펴보았다.

오랜 세월 동안 피해를 당하고도 참고 지금까지 극단적인 선택을 안하고 버티어 준 아이가 고마울 뿐이었다. 그래서 피해 사항과 증거자료를 준비하고 관할 경찰서로 진정서와 고소장을 제출하였다.

그리고 아이는 지난 힘들고 견디기 어려웠던 날들……
피해 사항을 담당 형사에게 진술하고 가해 아이 처벌로 피해아이가 그간에 아픔이 치유되는 것은 아니지만 피해 아이 가슴에 15년간 맺혔던 한이 가해 아이 처벌로 조금이나마 위안이 되고 분노가 사그라질 수 있기를 기대해 본다.

이번 상담과 해결방법이 그동안 피해를 당하고도 부모와의 소통 단절과 낙인으로 인해 극단적인 선택 기로에서 피해 아이가 다시 희망을 찾을 수가 있었다. 나는 아이에게 이제 더 이상 힘들어 하지 말고 지금까지 미루어 온 대학공부 시작하고 당당한 삶을 살아갈 수 있도록 응원을 보낸다.

오늘은 내가 자포자기로 극단적인 선택의 기로에 선 아이들에게 희망과 자신감을 심어줄 수 있는 상담사인 게 그 어느 때보다 자부심을 느끼는 하루였다.

고민과 갈등으로 힘들어하는 청소년들이여……
용기를 잃지말자.
청소년 여러분들에게도 아직 희망이 있고, 밝은 미래가 있다는 사실을 잊지말기 바란다.

오미자 차 한잔

최장 기간 장맛비로 온 집안이 곰팡이 냄새로 진동한다.

에구 장마가 언제쯤 거치나 했더니 요즘은 36도를 웃도는 후끈후끈 날씨가 숨이 턱턱 막히게 한다.

그런 심정을 아는지 갑자기 내 주변에 날씨가 어두워지며 검은 먹구름이 하늘을 뒤덮더니 우르르 우르르 요란한 천둥소리와 함께 하늘에서 장대비가 내린다.

요 며칠 열대야 현상으로 한줄기 비가 아쉬웠는데 내리는 비가 뽀얀 증기를 일으키며 대지를 적신다. 조금은 시원해지는 느낌이다.

잠시 후 집 마당에서 도란도란 들리는 이야기 소리 문을 열고 나가보니 아내의 친구가 집에 놀러와 잘 꾸며진 온실 속 다육이를 구경하며 웅성거리며 서 있다.

아내와 친구들이 서 있는 마당으로 나가자 그녀들이 꾸벅하고 인사를 한다. 이 무더위에 아내의 친구들에게 잠시 앉으라 하고 얼른 주방으로가 오미자 진액에 찬물과 꿀을 조금 넣고 시원한 얼음 동동 띄워 차 한잔을 건네었다.

"오미자 차" 한잔하라고 했더니 다들 남자가 직접 손수 끓어준 오미차 차 한잔을 손에 들고 고개를 끄덕이며 고마워한다.

차맛이 어떠냐고 하니 굿~하면서 향기가 좋다며 차를 음미하며 고운 미소를 짓는다.

차를 마시는 동안 오늘 마시는 차를 대구에서 오미자를 구입하고 장시간 오미자 효소를 뽑아낸 오미자 차를 내게 제공해 준 주열이 형님을 그동안 깜빡 잊고 있었다.

생각난 김에 주열이 형님에게 전화를 걸었다. 오랜만에 건 전화라 그런지 목소리가 힘이 없었다.

한순간 무슨 일이라도 생긴 건 아닌가 걱정이 앞섰다. 형님 어디가 아픈 건 아니냐고 물어보았는데 응 한 달 전 제주서 올라와 대구에 있는 대학병원에 입원했다가 지금 막 퇴원한다고 하는 게 아닌가

왜 어디가 아파서…

아랫배가 자주 아파서 대학병원에서 MRI 검사를 했는데 췌장에 염증이 생겨 수술은 안하고 입원해서 약물치료를 받아 왔다고 한다.

나는 한순간 내게 그렇게 고마운 사람이 아파 병원입원치료를 받은 사실도 모르고 지냈다는 게 미안했다. 내가 한참을 전화통화를 하다보니 집에 놀러왔던 아내의 친구가 오미자 차를 잘 마시고 간다며 감사하다며 눈인사와 손을 흔들며 자리를 떠났다.

오늘 마신 오미자 차 한잔이 내 주변에 모든 고마운 사람들 마음속에 오래 기억되었으면 좋겠다.

친구의 사랑과 영면

고등학교 학창시절 집을 오가며 친하게 지내다 성인이 되고 가정을 이룬 후로 각지의 일을 찾아 지내다 보니 친구가 간암으로 투병하는 소식을 늦게서야 다른 친구로부터 투병중인 친구의 소식을 들었지만 입원해 있는 병원이 서울 세브란스 병원이고, 코로나 19로 인해 병원 면회도 힘든 상황이라 쉽게 찾아볼 수가 없었다

그러기를 며칠이 지난 7월 31일 오전 10시에 간암으로 투병하던 친구가 임종하였다는 소식을 들었다. 친구의 아내는 서귀포에서 식육점을 운영하고, 친구는 원양어선을 타는 마도로스였다.

친구가 임종 전에는 동창회나 친구들 경조사에 만날 때면 배를 타는 마도로스라 얼굴이 검게타고 건장했던 친구의 체구가 안 좋아 보였다.

몸이 핼쑥한 친구의 얼굴을 보며 친구에게 어디 아픈 사람으로 보인다 힘들면 배 타는 것을 그만두고 건강을 챙기라고 만류했으나 친구는 조금이라도 더 젊을 때 몇 년만 배를 더 타겠다고 한 말이 엇그제인 것 같은데 지병인 간암이 갑자기 그렇게 악화되어 쓰러졌다고 한다.

병이 악화되서야 병원을 찾았을 땐 간암말기로 얼마 살지 못할

것이라는 의사에 말을 듣고 친구의 아내와 가족들이 혹시나 하는 바램으로 서울 큰병원에 가서 입원 진료 중에 병세가 악화되어 운명했다고 했다.

고인 된 친구는 생전에 남은 시간이 그리 많지 않음을 안 듯 찾아간 친구나 가족들에게 말없이 생이 다 되었다는 짐작을 했는지 하직인사를 하듯 눈을 깜빡였다고 했다.

58세 꽃다운 나이 부고 소식으로 서귀포의료원 장례식장에서 친구의 영정 사진속에 친구는 아직까지도 건장한 체구에 환하게 웃고 있었다.

친구의 사진 앞에는 아버지의 마지막가는 길을 지키는 아들 형제가 조문객들을 받고 있었다. 지금 내가 친구를 위해 해줄 수 있는 게 뭘까?

친구의 아들 형제 손을 잡고 힘내고 용기 잃지 말라는 말밖에 해줄 수가 없어 한동안 아들 형제의 손을 잡고 있다가 사진 속 친구를 보며 하직 인사를 남긴다.

병도 아픔도 없는 곳에서 평온하게 영면하시게…… 친구

산행하는 날

오늘은 지인들과 윗세오름 정상까지 산행하기로 하고 아침일찍 지인과 만나기로 한 영실 향했다. 목적지는 영실코스로 윗세오름 정상까지 차를 운전하고 영실매표소에 도착하고, 먼저 도착한 지인과 인사를 나누며 숨호흡을 가다듬고 있는데 정민이가 함께 산행한다고 부모를 따라온 것이다. 우린 목적지인 윗세오름으로 향하여 올라갔다

일요일이라 그런지 영실코스에는 많은 산행객들이 등산로에 빼곡히 늘어서서 윗세오름을 향해 걸었다. 우리들 보다 먼저 정상갔다가 내려오는 사람들과 이제야 출발하는 사람들로 가는 길목마다 산악인과 관광객간 교행을 하면서 비좁은 등산로를 따라 올라가는 사람들이 하산하는 사람들과 몸이 부딪히면서 힘들어하는 표정을 지으며 정상을 향했다.

그래도 정상에 올라갔다가 내려오는 사람들은 목적지까지 올라갔다 왔다는 성취감의 웃는 표정을 지우며 상반된 각각의 표정들을 볼 수 있었다.

그래도 이들 모두는 아름다운 제주자연을 즐기는 행복한 모습들이었다. 교행하는 사람들마다 "안녕하세요, 안녕하십니까, 보람되

겠습니다"등의 인사가 오가고, 먼저 건넨 인사에 모두들 "예, 안녕하십니까"라는 답변하는 이들로부터 나는 산행을 하는 사람들은 이 세상에서 아주 순수하고, 선량한 사람들만이 산행을 하고 가장 행복한 사람들이 산행을 하고 있다는 하는 생각에 새삼 기뻤다.

그리고 오늘은 내게 아주 특별한 꼬마손님이 내 옆을 나란히 서서 같은 방향 같은 목적지를 향해 걷고 있다는 사실에 더욱더 기뻤다.

그는 다름아닌 제주초등교 4학년에 재학 중인 정민이가 부모님들과 같이 산행을 왔는데, 부모를 앞질러 나와 같이 보조를 맞추며 산 정상까지 같이 이야기를 나누면서 올라가고 있는 것이다.

그런데 정민이가 아주 똑똑한 어린이었다. 정상까지 가면서 자신이 궁금한 건 하나도 빠짐없이 내게 질문을 한다.

내가 범죄심리상담사라는 말을 부모님께 들었던 터라 범죄심리사가 되려면 어떻게 해야 하나요? 아이들을 상담하면서 가장 보람있었던 것 등 다양한 질문을 요청했고, 나도 질문에 대한 최대한의 답변을 하면서 산행을 했다.

정민이와 함께 걸으면서 질문에 대한 아주 만족스런 100%에 답변은 못 했지만 나름 최선을 다한 답변시간을 가지다보니 힘들지 않게 어느새 윗세오름 정상까지 도착할 수 있었다.

오늘은 내가 이때까지 한 산행 중에 아주 뜻깊은 산행이었고, 산행하는 사람들로 부터 순수함과 선량한 사람들이 산행을 한다는 사실을 느낄 수 있었던 산행이었던 것 같아 보람되고 뜻깊은 하루였다.

소나기

아침 반짝이는 햇볕에 눈이부셔 잠에서 깨고 오랜만에 맑게 개인 하늘을 보며 집안 공기를 정화시려고 집에 창문이란 창문은 모두 열어놓고 사무실 출근을 위해 차를 달렸다.

출근 후 급한 잔무를 처리하고 잠깐 짬내어 커피 한 잔을 손에 들고 마시려는 순간 갑자기 하늘이 어두워지면서 하늘이 인상을 찌푸린다.

그때 아참 환기시킨다고 집에 창문들을 몽땅 열어놓고 출근했는데 어떡하지?

오늘 아침에는 볕이 좋았는데 갑자기 요란스럽게 천둥소리와 함께 쏟아지는 빗줄기와 뒤따르는 어둠을 밝히는 번개가 번쩍……

연이어 스마트 폰에 제주지역 폭우 긴급재난 알림 문자가 들어왔다. 하늘에 갑자기 구멍이라도 뚫린 듯 빗줄기가 인정사정없이 대야로 물을 담아 퍼부듯 힘차게 쏟아져 내렸다.

아뿔사 집에 누가 있을까?

먼저 아내에게 전화를 했는데 아내도 역시 제주시로 출근한 상태였다. 혹시 내 딸이라도 집에 있을까 하고 전화를 했는데 딸이 전화를 받는다. 어디니라고 묻자 집이라고 했다. 아 다행이다. 여태까지 딸과의 통화 중에 제일 기뻤다.

내가 아침에 가족 건강을 위해 집안내 맑은공기로 환기 시킨다고 열어둔 창문으로 빗물이라도 스며든다며 퇴근후 집에가 가족들에게 잔소리를 들을 상황에서 딸에 전화가 왜 그렇게 반갑고 기쁠수가 있을까

딸에게 집에 열어논 창문을 닫아달라고 하였는데 내 딸도 천둥소리와 빗소리를 들었는가 이미 열린 창문을 모두 닫았다고 했다.

아 내가 걱정했던 일이 해결되는 순간이다.

딸 덕분에 근심의 얼굴이 환한 밝은 미소를 띠는 얼굴로 바뀌었다.

지금 나의 얼굴이 오늘 아침에 내가 봤던 밝은 햇볕과 같이 아침에는 햇볕이 웃었지만 지금은 내가 밝게 웃는다.

사무실에 찾아온 지인이 차를 마시며 담소를 나누다 갑자스런 나의 행동을 보고는 어리둥절했는가? 나의 마음이 얼굴에 보였는가 지인도 걱정이 되었는지 무슨 일이라도 있느냐고 물었다.

아까는 당황한 나를 보고 지인이 말을 못했지만 지금은 웃는 얼굴에 나를 보고 묻는 것이다.

아! 아침에 집에 창문을 열어놓고 출근했는데 비가 내려서 걱정했지, 그런데 다행이도 집에 딸이 있어서 해결됐다고 하자 지인 또한 다행이다라고 말을 해준다.

시간이 얼마나 지났을까?

그칠 것 같지 않던 비가 어린아이 울음 그치듯 뚝 멈추었다.

올려다본 하늘이 청자빛 같이 청명했다. 자연도 사람도 마음같이 변덕이 심한 것 같다.

진정한 사랑과 용서

우리는 부부를 중심으로 생겨난 아들, 딸 등 가까운 혈육을 이룬 가족공동체와 사회공동체 속에 상생하며 살아간다.

그러나 우리 주변에는 시대의 변화 속에 자기중심주의 자신과 가족에 대해서만 관심을 두는 성향이 두드러지게 나타나면서 가족과 사회에 대한 불화로 아픔을 주고 있는 현실이다.

타인의 입장을 헤아리며 배려하는 상생공동체의 소중함을 다시금 생각하게 하는 요즘이다. 자기중심의 행한 말과 행동으로 끈끈하게 함께 이어오던 공동체 생활도 무너지게 하는 일들이 비일비재하게 생겨나 주위를 안타깝게 하고 있다.

사실 원인을 찾고 보면 꼭 상대 탓만은 아니다. 작은 견해 차이에서 비롯된 작은 행동과 대화에서 시작된 일들이 갈등과 불신으로 큰 문제로 키워가는데서 발생하고 있다는 사실이다.

자기가 쓴 안경의 색깔 때문에 상대의 진심을 보지 못하고 상대에 대한 무조건적 부정과 배려심 부족으로 상대에게 상처를 주고도 지금은 모르고 지나치는 게 문제다.

조금씩 조금씩 세월이 흐른 후에야 문득 자신의 실수를 알고 나면 돌이킬 수 없는 아쉬움의 시간들로 머릿속에 복잡함이 교차한다. 우린 문제가 생기기 전 자신의 행동을 모르고 지낼까?

진정한 사랑과 용서는 나의 마음을 아프게 한 그 마저도 다 용서하고 온전히 상대의 입장에서 사랑과 용서를 하고 사랑과 용서를 받아야 할 때이다.

더 늦기전에……

초심

코로나19로 모임 및 5인 이상 집합금지가 시행되어 오늘은 임원 몇사람만 모여 의논도 하고 오랜만에 얼굴 보며 식사나 하자는 전화를 받고 서귀포시내 음식맛이 좋다는 순댓국 식당을 찾았다.

그런데 오늘 만나기로 한 한 명이 늦어 뒤에 오실 분은 나중에 도착하면 주문하기로 하고 한 명 분을 빼고 3인분만 음식을 시켰다.

그랬는데 막상 음식이 나왔을 때는 4인의 음식이 나온 것이다. 황당했지만 일행들이 한 명이 금방 올 거라며 그냥 두자고 하여 아무말 하지 않고 기다렸다.

식사를 마치고 계산을 하려하는 데 먼저 계산 중인 앞사람 계산을 마치고 식당 여사장이 볼멘소리를 하고 있었다.

"1인분 계산을 카드를 하면 뭐가 남겠어! 세금 빼면 밑지는 장사지…"

그 소리를 듣고서 오늘 모임은 임원회의비 지출이라 카드 계산을 하려다가 그만 뻘줌해져서 가만히 여사장의 눈치를 보았다. 계산을 하는 여사장의 얼굴표정이 굳어 있었다.

얼마 안되는 음식대금을 카드 결재하게되서 미안한 맘도 있어서

단체 임원회의비로 지출해야 해서 어쩔 수 없다고 말을 하곤 양해를 구했다.

계산을 마치고 일행들과 헤어져 차를 운전하고 집으로 돌아 오면서 곰곰히 생각해보니 서귀포시에서 제주시 가는 버스를 타도 버스요금 1,150원을 카드 지불을 하는데 버스 기사님은 불평을 하시지 않는다.

하지만 순대국 요금은 8천원이나 되는데 1인분에 카드계산하면 남는 게 뭐가 있냐는 것은 여사장의 영업하는 마음 자세가 잘못되어 있는 것은 아닌가 하는 생각으로 머릿속이 복잡해졌다. 이 여사장도 처음 식당을 차릴 때에 마음자세라면 그렇게 하진 않았을 것이다.

식당을 찾아 맛있게 식사를 하고 간 한 사람이 다음에는 다른 사람들과 함께 올 것이고 그 다른 사람이 맛있게 먹고 가면 또 다른 사람에게 입소문을 낼 것인데 아쉽다. 그러니 한명이 한명이 아닌 여럿이 될 수 있다는 사실을 모르고 있나보다.

오랜만에 반가운 얼굴을 보고 맛있는 음식을 먹으며 회포를 풀려다가 카드계산으로 엉망이 된 기분은 뭘까 싶다. 개업 당시 초심을 잊지말기 바란다.

학교폭력 피해학생 부모 이야기

상담소를 찾은 학교폭력 피해를 당한 두 명의 학생과 학부모를 상담하였던 이야기다.

상담 중에 한 학생의 부모는 자기 자식이 학교폭력 피해를 당한 사실에 분하여 막무가내로 담임 선생님을 찾아가 자기 자식을 폭행한 아이들을 체벌하여 줄 것을 요구했다. 그러나 담임 선생님이 이 사건에 끼어들려고 하지 않고 학교폭력에 대한 관심이 없다며 화를 냈다.

이번에는 교장선생님을 찾아가 피해당한 아이를 대신해 하소연을 했다, 교장선생님도 학교폭력 사실이 알려지게 되면 학교의 명예가 실추될 것이 걱정되어 담임선생님과 같은 태도를 보였다고 했다.

화가 난 부모는 경찰서에 찾아가 피해신고를 했다. 그랬더니 교장과 담임, 학부모가 서로 한편이 되어 진술을 사실대로 해주지 않아 사건이 무혐의 처분을 받았다.

그 후 피해 학생은 어쩔 수 없이 다른 학교로 전학을 갔다.

다른 학교로 전학을 간 그 학생은 전학 가서도 피해는 계속되어 결국 또 다른 학교로 전학을 했다.

또 한 학생은 중학교 2학년이었는데 학교에서 친구들에게 따돌림 피해를 당했다. 피해 때마다 딸아이는 엄마에게 징징댔다.

그 이야기를 들은 엄마는 곰곰히 생각을 했다. 마음 같아서는 다른 부모들같이 당장이라도 학교로 쫓아가 딸을 괴롭힌 아이들을 나무라고 선생님께 항의하고 싶었지만, 딸아이가 반 아이들 중에 제법 공부를 하는 편이라 인문계 고등학교로 진학할 예정이고 상대 아이들은 자연계 고등학교로 진학한다는 말에 딸아이에게 용기를 심어주며 조금만 참고 공부에만 집중해 보자고 다독거려 주고는 반 아이들과 함께 학교생활을 계속 이어갔다.

그런데 계속되는 괴롭힘으로 피해당하는 아이를 그냥 보고 있을 수가 없어서 이 일은 딸만이 해결할 수 있다는 생각을 한 부모는 딸을 불러 강경하게 얘기를 했다.

"이 문제는 네가 해결해야 될 것 같아!

엄마가 시키는대로 해!

학교에 가서 반친구들에게 똑 바로 말해!

앞으로 한번만 더 괴롭히면 가만히 있지 않겠다고!

반친구들이 비웃거나 놀리면 이번에는 책상을 책으로 큰 소리나게 내리쳐! 그랬는데도 너를 얕잡아보는 친구들이 있으면 앉았던 의자를 창문 밖으로 던져 버려! 그 다음 일은 엄마가 다 책임질께!"

그 말을 들은 딸아이는 도저히 엄마의 말에 그렇게 할 자신이 없어서 학교에 가기 싫다며 징징대며 울었다.

엄마는 걱정이 앞섰지만 떨리는 마음으로 딸에게 모질게 말했다.

"너! 당장 결정해!

안 그러면 계속 피해 당해도 참고 학교 다니던지, 아니면 다른 학교로 전학가던지? 다 너를 위해 엄마가 하는 말이라며 학교에 가서 엄마가 시킨대로 하고 오라며 딸을 학교에 보냈다.

엄마는 가슴을 졸이며 안절부절 손에 든 핸드폰이 울리기만을 기다리고 있었다.

얼마 후 딸에게서 전화가 왔다. 딸이 울먹이는 목소리로 말했다.

"엄마! 내가 그렇게 했어!" 엄마는 그런 딸이 너무 대견해 정말 잘했다고 칭찬을 해주었다.

그 후 딸은 무난히 중학교를 졸업하고 고등학교에 진학하고서도 새로운 친구들과 잘 어울려 지내는 것을 보고 스스로 피해를 극복해 나가는 딸아이의 모습을 보며 대견해 하는 부모들이 있어 자식 교육에 대한 의미를 되새겨 보는 시간을 갖는다.

생각의 차이

우린 하루하루 살아가면서 어떤 생각들을 하면서 살까?

하루하루를 감사할 일이 많은지 아니면 섭섭한 일이 많은지 잠깐 돌아보는 시간을 갖자!

평소 긍정적인지 부정적인지 어떤 생각을 하는가가 중요하다.

매사에 불평불만을 하고 섭섭한 생각을 자꾸 하다 보면 감사한 마음은 없어지고 주변 사람들에게 은근히 피곤하게 한다. 그러는 자신은 더 스트레스를 받게 된다.

주어진 어떤 상황 앞에서 어떻게 인지하고 받아들이는가가 아주 중요하다. 긍정적 해석을 하게 되면 일의 실마리도 잘 풀리고 대인관계도 원만해진다.

그러나 부정적 편견이 많아지면 시야는 좁아지고 머릿속이 복잡하고 대인관계도 어려워지기 마련이다.

매사에 불평불만으로 짜증스럽고 마음에 안들고 섭섭한 마음이 드는 사람은 섭섭함으로 모든 일을 그르친다.

마음을 넓게 가지다 보면 자연스럽게 웃을 일이 많아지고 일상이 밝아지고 맑은 생각이 가득하다. 이런 사람은 저절로 자신의 일상의 하루하루가 행복하다. 한 생각에 섭섭한 이는 하루하루가 막막하고 힘든다.

우린 한 생각에 행복과 불행이 교차하는 현실 속에 산다.
그 한 생각을 우리는 어떻게 써야 할까?

고정관념에서 생긴 일

파출소 사무실 벽에 걸려 있는 벽걸이 시계!

얼마 전 약을 갈았는데 시간이 자꾸만 늦게 돌아가 애물단지가 되었다. 몇 번이나 벽시계에 약을 갈았는데도 초침이 돌지 않아 시계의 수명이 다 됐어나 싶어 새 시계로 바꿔야 할 것 같다고 했다.

관리반이 보다 못해 벽에 걸려 있는 벽시계를 내려 약을 다시 갈았다. 달려있던 시계추는 멈추어 있었다.

시계추를 돌려서 움직이게 해도 초침이 몇 번을 돌아 가더니 또 그대로 멈춘다. 곰곰히 시계를 들고 살펴보던 관리반이 뜬금없이 질문을 하는 것이었다.

"혹시 시계추를 옆으로 돌려 움직이게 해서 시간이 늦은 것은 아닐까요?"

듣고 보니 시계가 처음 왔을 때는 시계추가 무도회 연인들이 부루스를 추는 것 같이 분명히 옆으로가 아니고 회전을 했던 기억이 슬며시 드는 것이다. "그럼 그렇게 해보라고 했다.

가만히 두었더니 시계추가 저절로 양방향으로 부루스 춤을 추듯 회전을 하는 것이었다. 하마터면 고장 없는 멀쩡한 벽시계를 버릴 뻔했다. 어느 한순간 착오로 시작된 시계추의 움직임을 정상작동이 안 되도록 만들어 놓고 시계고장 탓을 한 것이다.

스스로가 갖고 있는 본성대로 하지 못하고 인위적인 잣대로 움직였던 시계추!

결국 시간이 맞지 않는 결과를 불러오게 된 것이다. 오늘 눈 밝은 사람을 만나서 제대로 작동되고 제 기능을 다하며 움직이고 있다.

시계추는 그전에 보았던 연인들이 양방향으로 부루스를 추듯 빙그르 빙그르 힘차고 아름답게 춤을 추고 있었다.

컵라면

버스터미널 휴게실 한켠에서 지인을 기다리고 있는데 어디선가 컵라면 냄새가 코를 자극했다. 냄새나는 곳으로 눈을 돌려보니 허름한 복장을 한 70대 초반의 할아버지 한 분이 두 손에 컵라면을 감싸 안고 불편한 다리를 하고 조심조심 걸음을 옮겨오고 있었다.

주변 시선도 아랑곳없이 한쪽 구석진 곳에 자리를 잡고 면이 익기를 기다리시다가 이내 후룩후룩 소리를 내시며 컵라면을 드신다.

얼마나 배가 고팠으면…

변변찮은 음식으로 끼니를 때우시고 긴 밤을 지새우시지나 않을지 걱정이 앞선다.

계단을 따라나와 제주은행 앞을 지나면 시내로 향하는 버스정류장 앞에 파리바게뜨 빵집이 있다.

새로 단장한 빵집에는 수십가지 빵 종류들이 고소한 내음을 풍기며 먹음직스럽게 진열대 위에 펼쳐져 있고 오고가는 많은 사람들이 파리바게뜨 방가게에서 갓구워낸 빵을 고르고 있다.

취향에 따라 손님들이 빵 집게로 이 빵 저 빵을 집어 포장 봉지에 빵을 가득 골라 채우고 계산을 하기 위해 줄을 서고 차례를 기다리고 있었다.

밀가루 음식은 속이 편치 않아 평소에는 빵집 앞을 흘깃 지나치기만 했다. 그런데 오늘은 왠일인지 진열대 위에 진열된 빵으로 자꾸만 눈길이 갔다.

버스터미널에서 컵라면 드시던 할아버지 모습이 떠올라 할아버지가 드시기에 부드럽고 좋아할 것 같은 빵을 빵 봉지에 담고 계산을 위해 줄을 섰다.

그러다 서 있는 사람들의 표정들과 내 눈이 마주보게 되었다.
표정에는 다들 지쳐있거나 따분한 표정들이 역력해 보였다.
아! 사람들은 세상을 무슨 낙으로 살아가고 있을까?
하는 생각에 잠시 조금전 할아버지가 컵라면을 먹었던 터미널로 갔다 할아버지는 어디에 가셨는지 찾을 수 없었다.

비록 한끼가 컵라면이라지만 국물까지 다 드시고 흡족한 미소 지으시던 할아버지의 모습에서 현재 나의 모습에서 만족함을 느낀다.

절대 두 번 다시는

비행청소년 상담에서 있었던 일이다.

부모나 선생님들이 집에서나 학교에서 반복해서 그렇게 행동해선 안 된다고 수없이 타일러도 듣지 않고 오히려 반항심은 키워간 아이였다. 알면서도 모른 척했던 아이!

이 아이와 만남을 가진 건 학교선생님의 상담 추천에서 부터다. 학교 전문상담사나 wee클래스 상담사와도 상담을 했지만 문제점을 찾지 못하고 결국 나와의 인연을 맺게 되었다.

아이는 나와의 첫 대면에서부터 질문에 반항적 태도와 상담받을 일을 하지 않았다. 학교 상담실에서도 여러차례 상담을 받아왔다며 불만을 늘어놓았다.

아이에 답변 태도에서 자기 자신의 잘못된 행동을 하면 자기가 책임을 지고 법적 처벌을 받는 사실을 모르고 부모가 다 알아서 해결해준다는 인식이 비행만 때마다 여러차례 학습이 된 상태였다.

아이의 말에서 여러차례 상담을 했다고 했는데 이 아이가 달라진게 없고 자기 자신의 잘못도 당연히 부모가 나서 합의해 주고 처벌을 받지 않게 해준 부모에게 의존하고 믿고 있었던 것이었다.

아! 어떻게 이런 일이 생겼을까?

비행을 저지르면 잘못한 본인이 처벌을 받는다는 사실을 빨리 일깨워 줘야 했었는데 아이에 부모들이 잘못을 저지른 아이를 감싸며 문제 해결에 급급했던 일이 지금 현실로 다가온 것이었다.

설마 그럴까!

설마 그럴까!

그날도 처음에는 그 아이도 면회간 부모를 원망하며 왜 나를 이런 곳까지 오게 나뒀냐며 성질나는 대로 말과 행동을 보였지만

결국 상습적인 행위와 피해자가 강력한 처벌 요구로 단절된 공간에 수감된 사실과 부모가 노력해도 할 수 없는 일이 있음을 깨달았을까?

단념한 듯 내게 이제는 마음대로 친구도 못 만나고 놀러 다닐 수도 없습니다. 손에 달고 다녔던 핸드폰도 할 수 없게 되었습니다. 싸움하며 놀던 친구도 볼 수 없는 상황을 직감했는지 마음이 답답하고 짜증만 납니다라고 했다.

그래도 어쩌겠어요. 내가 한 짓인데 참아야 하겠죠.

부모에게 이유 없이 화난다고 맘대로 성질부리고 남의 물건 훔치고 이유 없이 행패와 시비 걸어 폭력 쓰다가 이렇게 단절된 공간 속에 갇혀 있습니다.

이제는 알 것 같아요.

내가 이곳에 와보니 후회가 된다는 것을 다 내가 저지른 일이고 이곳에서 반성하고 싶습니다.

그러나 걱정스러운 것은 부모님입니다. 더 이상 자신으로 인해 부모님께 실망시키고 싶지않습니다.

이젠 정말이지 선생님과 상담할 때 제게 건넨 이야기 중에 자신이 한 행위는 누가 책임져 주지 않고 잘못한 자신이 처벌받는다는 것을요

아이는 이곳에 와서야 자기의 잘못된 행동을 반성한다는 말과 함께 두 눈에는 눈물이 글썽글썽 고였습니다.

자식 면회 온 아이에 부모도 아들을 면회하면서 울고있는 아이를 보고 아무말 없이 무거운 발걸음을 돌립니다.

부모도 아이가 볼까봐 뒤돌아서 눈물을 훔칩니다.

어머니 잘못했어요. 아버지 잘못했어요. 다시는 안 절대 실망안 시킬게요. 이젠 같은 잘못은 절대 두 번 다시는 하지 않을게요.

어머니! 아버지! 용서 해주세요? 단절된 공간에서 그 아이가 후회하는 모습에서 자신의 잘못을 뉘우치는 진정성 있는 모습을 보았다.

아이의 말처럼 절대 두 번 다시는 이런 일이 반복되지 않기를 응원해 본다.

가족이라는 이름표

가족이 무엇인지 고민이 필요하다는 생각이 들었다.

가족을 떠올리면 할아버지, 할머니, 어머니, 아버지, 형제, 본인, 처, 아들, 딸 들을 떠올리곤 한다.

가족은 자기가 성장해 갈수록 자기의 선택을 존중해 주고 정서적으로 지지해 주었다. 개인적으로 슬픈 일이 있거나 어려운 일이 있을 때는 가족 전체의 일인 것처럼 함께 울어주고 기쁜 일이 있을 때는 당사자보다도 기뻐해 주었던 게 가족이다. 그 울타리는 정말 따뜻한 보금자리였다.

가족 단어를 통해 느낄 수 있는 가족이라는 이름 앞엔 변함없는 소속감과 만족감으로 매사 긍정적인 영향이 컸다.

요즘은 가족의 형태도 많이 변하고 있다. 이전 가족은 애정을 바탕으로 혈연 중심의 부모와 자녀관계의 생활공동체로 가족이 사회적 필요성에 기인하는 만큼 우리에게도 변화를 주었다.

지중한 가족의 인연!

가족이라는 이름은 확실한 내 편이라고 생각하고 생활하면서 말조심 하지 않고 자기의 감정을 바로 내비치면서 소중함을 잃어가는 가족도 많은 현실이다.

상대의 기분을 헤아리지 않고 자기의 고집대로 하는 경우도 많다. 경제적 기능에 어려움, 감정과 불편함으로 상처를 받는 일도 적지않다.

잘 이해하다가도 섭섭한 마음이 쌓이다 보면 가족이라는 이유로 감정이 폭발하고 그마저 내색하지 못하면 감정의 골은 깊어져서 가족 간에 거리감이 생긴다.

여기서 가족의 가치와 존재의 이유를 새겨보자!

가족의 의미는 자기를 믿어주고 슬픈 일에는 함께 울어주고 기쁜 일에는 함께 웃어주는 정서적인 지지속에 가족이라는 이름표를 가슴에 달고 상생하며 살아가는 것 그게 가족일 것이다.

비 오는 날 오후! 가족의 소중함을 되새겨보는 하루다.

아픈 역사의 현장 순례

사단법인 서귀포룸비니청소년선도봉사자회에서 주관 기획한 제주도 내 청소년대상으로 제주의 아픈 역사 바로알기 현장순례 프로그램이 7월부터 진행됐다.

장맛비는 예고대로 순례일 7월 3일 토요일 아침부터 많은 비가 내렸다. 행사를 연기할까 하는 생각도 안 한 것은 아니다. 그러나 코로나19로 일정을 조율하다 어렵게 잡은 일정이라 서귀포룸비니청소년선도봉사자회가 준비한 제주역사 바로 알기 프로그램은 예정대로 순례길에 올랐다.

출발지인 서귀포중학교에 모여 발대식을 갖고 출발 기념사진도 찍었다. 이날 체험에 나선 중학생들은 열다섯 살 소년의 풋풋함으로 비 날씨에도 학교를 벗어나 모처럼 야외 현장 순례길에 마냥 밝은 모습이다.

제주에는 곳곳 아픈 역사가 없는 곳이 없을 정도다. 일제강점기 일본군들이 모슬포 주민들이 강제동원시켜 세계2차대전 전쟁을 위해 비행기 격납고, 고사포진지, 지하벙커 등 만행장소 흔적이 고스란히 남아있는 알뜨르비행장과 제주4·3당시 마을주민 전체가 학살당해 잃어버린 마을인 무등이왓마을 4·3피해현장을 전문해설사를 초빙하고 당시상황 해설을 듣고 현장을 직접보며 아픈 제주 역사를 배우는 시간으로 순례코스는 선정했다.

모슬포로 향해 빗길을 달리는 임대버스내에서 오늘 행사를 주관하는 서귀포룸비니청소년선도봉사자회 박은교 대표는 인사말을 통해 "오늘 우리가 제주 역사를 바로 알아보는 시간을 가지려 한다."며 "함께하는 순례로 일제강점기 시대에 우리 할머니 할아버지가 겪었을 고생들을 엿볼 수 있을 것이며, 동광4·3순례길에선 4·3사건 때 겪었을 그분들의 큰 고초를 조금이나마 짐작할 수 있을 것"이라고 먼저 순례의 이정표를 들려줬다.

일행은 제일 먼저 일제강점기 마지막 무렵 만들어진 격납고가 운집된 알뜨르비행장에 도착하고 아침 식전이라 준비한 김밥을 나눠주고 비를 피해 격납고 앞 정자에서 김밥으로 배를 채우고 야외 정자에서 오늘 해설을 맡은 제주역사문화연구회장 전영미 해설사 해설이 시작됐고 자욱한 안개 속에 끝이 보이지 않는 넓은 들판이 그대로 시야에 들어왔다. 굉장히 평평하게 보이는 이곳은 자연 그대로의 모습이 아닌 당시 일본군들이 전쟁을 위한 작전상 만든 비행장을 건설한 알뜨르비행장이라고 한다. 그에 따른 노동은 모두 이곳 주민들이 감수해야 했고, 산을 깎고 격납고를 만들고 진지동굴을 만드는데 지역주민들의 피와 땀이 얼마만큼 흘렸을지는 상상조차 할 수 없다.

비행기모형으로 만들어진 격납고는 잔디로 지붕이 덮여있어 위에서 보면 그냥 언덕처럼 보이지만 실제로는 전투기를 은닉시켜두는 곳으로 활용하려 했다. 일본이 중일전쟁을 일으키면서 공중폭격을 하고 포가 폭격을 나서면 보병이 땅을 점령하게 되는데 제주도에서 일본전투기가 떠서 중국 난징지역을 폭격했다고 한다. 이때 연료가 부족하면 제주도가 연료 공급지가 되어 연료를 공급했다.

1941년 12월에 일어난 진주만 공격으로 태평양전쟁이 시작되면서 처음엔 일본이 승승장구를 했지만 사태는 역전되어 1944년 7월 사이판 전투에서 일본이 패하면서 일본 본토에 연합군이 들어와서는 안 된다는 별호작전이 시행되었다. 7가지 본토사수 작전 가운데 사이판을 중심으로 일본에 들어오는 경로와 좌측으로 들어오게 되면 제주군사기지를 만드는 계획도 포함되어 있었다. 1945년 2월부터 본격적으로 하루 5천명을 동원해서 만들기 시작해 80

만평 규모로 확장되었다. 실제로 이곳은 가미가제 공격을 위해 만들어졌다고 한다.

일본이 남겨둔 이러한 군사기지는 전쟁유적지로 최근 문화재청이 근대 등록문화재로 등록해서 보존하고 있다. 현재는 다크투어리즘이 유행하면서 이곳을 찾는 이들이 계속해서 늘고 있다. 순례에 나선 아이들과 봉사자들 역시 한편으론 새로운 것을 본다는 것이 좋기도 했지만 일본군들에게 시달려 숱한 고초를 겪었을 우리 할머니 할아버지를 생각하면 몹시도 마음이 아플 수밖엔 없었다.

순례에 나선 아이들과 봉사자들은 셋알오름 일제 동굴진지로 자리를 옮겨 자세한 이야기를 들었다. 일본군 전투사령부로 사용하려 했던 진지동굴은 1.3km로 차도 들어갈 수 있는 규모로 파놓았다고 한다. 미함대가 지나가면 사람들이 직접 동굴에서 어뢰정을 탑재하기 위한 곳으로 군수물자들을 숨겨두기 위한 집결지인 셈이다. 당시 일본에도 지하벙커를 만들었는데 그것보다 여기 대정에 있는 진지동굴의 규모가 더 큰 것으로 알려져 있으니 상상만으로도 위험천만한 상황이 아닐 수 없다.

지금도 남아 있는 고사포 진지터에 올라서면 맑은 날에는 남쪽으론 마라도가 북쪽으론 한라산까지 다 보인다. 이 고사포 진지터는 셋알오름에도 3개가 더 있는데 미군정 때도 군사기지로 이용되고 한국전쟁 때는 육군 훈련소로도 이용되었다. 미군정이 들어서면서 일제강점기 때 무기를 모두 폭파시켰는데 탄약고터도 폭파시켜 오름이 무너져 움푹 파인 모습이다.

1950년 6월25일 한국전쟁이 발발하면서 이곳에서는 또 다른 비극인 도민학살이 자행된 곳이기도 하다. 6·25사변 당시 정부는 후방에서 북한군과 결탁할 수 있는 구실을 들어 예비검속령을 내렸다. 예비검속으로 제주에서만 1,000여 명이 단속되었다. 섯알오름에서 예비 검속된 사람들이 학살되어 무고한 민간인 희생이 일어났다. 이때 모슬포 지역과 한림지역 사람들이 희생되었는데 모두 347명이라고 한다. 하지만 당시에 바로 시신을 찾을 수도 없게 해 6년 후에야 겨우 찾아갈 수 있었으나 시신이 모두 훼손되어 누구의 시신인지를 알 수 없어 백조일손의 묘를 조성하여 그 비극의 현장을 추모하고 있다.

우린 이곳에서 전영미 해설사의 안내에 따라 희생자들을 위한 해설 전 먼저 묵념을 올렸다. 묵념을 올리는 아이들에게 장난끼라곤 찾아볼 수 없을 정도로 숙연한 모습이었다.

알뜨르비행장 주변 일제강점기 일본군의 만행장소를 한바퀴 둘러보다보니 점심시간이 되었다. 점심은 미리 예약한 아이들이 좋아하는 음식들로 준비를 하고 돈방석 식당으로 자리를 옮겼다.

오후에 탐방 일행은 제주4·3 당시 잃어버린 마을 동광리에 있는 무등이왓마을로 향했다. 1948년 11월 15일 마을사람들이 토벌대에게 모두 총살당해 다시는 마을 주민들이 정착을 못한 4·3 때 잃어버린 마을 가운데 하나이다. 전영미 해설사의 해설을 듣고 있노라니 가족들이 보는 앞에서 단지 산간부락에 살고 있다는 이유로 폭도로 몰려 무참히 죽임을 당하는 끔찍한 현장모습을 망연자실 지켜볼 수밖에 없는 상황이 매우 안타까워 몸서리쳐진다. 지금은 대나무숲과 집터 흔적만 남아있어 당시에 어떤 모습으로 마을 사람들이 지냈을지는 그저 상상에 맡길 수밖에는 없지만 이 곳 마을 사람들의 비극은 지금도 아픔으로 전해져 왔다.

학생들을 인솔하고 탐방에 나선 이서정 교사도 "역사를 바로 아는 기회가 흔치 않은데 이러한 뜻 깊은 자리를 마련해 줘서 감사하다"며 "그동안 영상자료로만 보던 것을 직접 눈으로 보니 더 생생하게 와 닿는다"고 말하기도 했다.

함께 순례에 나선 윤재빈 학생은 "이곳을 둘러보니 그동안 할머니와 학교에서 배운 제주4·3이 무엇인지에 대해 다시 한번 생각하는 시간을 갖게 되었다"며 "이러한 가슴 아픈 사건들을 잘 알고 주변 사람들에게도 얘기를 들려주면 좋겠다는 생각을 했다." 고 한다. 이번 순례길에 함께한 아이들이 제주의 아픈 역사를 제대로 배우고 있다는 사실에 감사할 따름이다. 아침엔 그렇게 많은 비가 쏟아지더니 제주4·3의 아픈 역사를 아이들에게 잘 알려주려는지 탐방를 하는 내내 거의 비는 내리지 않았다. 걷는 길도 순조로워서 많은 것을 보고 들을 수 있었지만 지금 여기서 평화롭게 걷는 그 발걸음이 결코 쉽게 주어진 것이 아니라는 사실을 절실하게 느끼면서 다시 한번 우리의 아픈 역사를 돌아보게 하는 시간이 되었다.

봉사는 아름다운 '인人꽃'을 피어낸다

지난 36년간 지역사회 청소년들과 홀몸 어르신들을 위해 힘을 보태고자 자처하고 시작했던 자원봉사활동은 나에게 있어 많은 깨달음과 당당한 나로 나의 곁을 지켜주었다.

어릴 적 어렵게 살아왔던 탓일까?
제주토박이로 태어난 나는 어릴 적부터 배고픔에 시달리기도 했고 가난의 설움도 많았다. 어려운 가정에서 소외로 힘든 역경도 겪어봤고 마음에 상처를 받은 것도 많았던 나였다.

그래서일까?
이를 극복하기 위해 좌절 않고 남몰래 많은 노력도 했다. 모든 일에 당당한 전문가가 되어보리라 다짐하고 이를 악물고 공부도 다시 시작했고 남을 돕는 일에 필요한 전문자격증도 필요로 하는 시기인 만큼 자격증 취득도 시작했다.

이 험한 세상에 빛이 되어주는 봉사자가 되어 나의 초년시절에 겪었던 삶과 같은 처지에 힘들게 살아가는 청소년들과 소외계층들에게 조금이나마 힘을 보태리라 자처하고 행한 봉사활동은 올해로 36년이 되는 해라 감회가 새롭다.

내가 취득한 자격증 중에 보람을 찾아준 건 심리상담사와 범죄심리사다 청소년들 대상으로 다양한 상담과 선도활동에 있어 아이들의 마음을 바르게 인도하는 핸들 같은 역할을 해주었다. 오랜 봉사와 부모여읜 나에겐 우리 사회에 어려움으로 지친 소외계층 홀몸어르신들과 청소년들을 위해 처와 함께한 봉사활동 36년은 어려움도 많았다. 봉사활동도 경제적 뒷받침이 따라야 할 수 있는 일이라 생각할 때는 나를 힘들게 했다.

그때마다 나에게 힘이되어 준 건 사랑하는 나의 아내였다.

봉사는 돈이 있어야만 하는게 아니라며 우리 이웃에 소외로 어려움을 겪는 청소년들을 상담하고 선도하는 일부터 해보자는 말에 용기를 내고 청소년들과 함께한 세월이 나의 아들 나이 36세와 같다.

가정과 학교에서 감당할 수 없다며 내게 맡겨진 청소년들도 처음 대 할땐 그늘 속에 어두운 세상을 방황하며 그 누구에 지원이나 보살핌을 받지 못한 외로운 아이들이었다. 그러나 만남을 통해 조금씩 열어가는 아이들의 마음만큼은 순진했고 눈가엔 초롱초롱 빛나는 보석같이 총명하기만 한 아이들……

내게 맡겨진 시간을 할애하며 아이들과 함께 만남의 시간을 가지다보면 아이들이 비뚤어질 수밖에 없었던 이유를 차츰 알게되었다. 그때마다 나의가슴도 쓰리도록 아팠다. "왜 하필 이 착한 아이들에게만 이렇게 아픔을 주고 어려움을 주고 있는지" 아이들에게 도움을 주는 일을 해보겠노라 자처한 봉사활동은 이때부터 내겐 확고한 신념을 주었다.

그래서 시작한 청소년상담소와 청소년선도봉사자회를 개설한 나의 아내 박은교 대표이사가 내게 한 말 중에 이게 바로 우리가 해야 할 일을 하는 이유인 것 같다며 당장 몸은 힘들어도 열심히 봉사 한번 해보자는 말에 마음만은 뿌듯했다.

지금까지 우리 이웃에서 소외로 주린 배를 움츠리고 방황하는 청소년들을 위해 희망을 이어주기 위해 상담과 지원 봉사활동은 오늘도 어렵고 힘든 소외계층 청소년들에게 용기와 희망으로 남을 수 있게 청소년 상담 및 선도활동, 청소년들과 함께하면서 학교와 가정 등에서 청소년범죄 가담 등 일탈행위로 얼룩진 청소년들에게 학업을 계속할 수 있도록 지원하고, 미래 인적자원을 지키기 위해 지금 내가 하는 모든 일들이 행복했다. 그게 바로 멈출 수 없는 봉사자의 이유라는 신념으로 살아가고 있다.

보이지 않는 곳에서 사랑의 손길이 부족하여 방황하는 미래 꿈나무인 청소년들을 향한 나의 마음은 오늘도 희망을 이어주는 희망열차에 몸을 싣고 아이들이 기다리는 곳을 향해 달려가고 있다.

코로나19 백신 접종을 마치고

어느새 1년 9개월을 보냈다. 2019년 12월 중국 우한에서 시작된 코로나19 감염병이 전세계를 휩쓸고 현재까지도 감염병 증세가 재확산되고 있어 매우 안타까운 실정이다.

연일 메스컴에서 감염병 재확산을 막기 위한 특단의 대책을 내놓고는 있으나 정작할 수 있는 건 단계별 사회적 거리두기, 마스크 착용의무화와 집콕생활을 권고하면서 평온했던 우리 사회에도 점점 희망을 잃어가고 있다.

코로나19로 지칠 만큼 지쳐갈 때쯤 우리나라를 비롯한 전 세계인들에게 코로나19 감염병 종식을 기대하며 간절히 염원했던 코로나 치료제 백신이 개발되었다는 반가운 소식이 들려왔다.

그러나 임상시험이 끝났다고 하나 백신 예방접종을 받은 사람들이 더러는 사망하거나 접종자에게 이상징후가 발생하면서 외국에서나 우리나라에도 접종을 꺼리는 사람들이 많아지면서 다시 한번 백신에 대한 불신이 생기면서 상황은 좋지 않았고 국내 백신개발은 더디어 아쉬움을 남겼다.

그러다 국내에도 "아스트라제네카"와 "화이자" 백신이 들어오고 우선 의료종사자가 먼저 예방접종을 받기 시작했다.

접종이 시작되고 백신을 맞은 후 증상에 대해서 우후죽순 경험담이 인터넷상에 돌기 시작했고, 이상징후나 사망자에 대한 기저질환 여부를 검사하면서 코로나 백신에 대한 정확하지 않은 정보들이 언론매체를 통해 나돌았다.

그런 와중에 아스트라제네카를 맞은 사람 중에 건강 이상이 생기면서 외국에서는 잠시 접종을 멈추는 사례가 발생하면서 우리나라에서도 65세 노인들은 "아스트라 제네카 백신 접종을 금지하기도 했다.

다행히 질병 관리청에서 65세 이상 연로한 분들에게 화이자 백신 접종을 발표하면서 다시 백신접종이 시작됐다.

백신에 대한 무성한 말들이 난무하는 그 와중에 사회에 필수인력 대상으로 선정된 우리 경찰관들에게는 "아스트라제네카" 백신을 접종할 기회가 왔다.

나는 겁도 나고 망설여졌다. 네겐 당뇨와 고혈압이 있어 병원에서 처방받은 약을 복용하고 있는 중이라 선 듯 접종을 꺼렸다. 그것도 "화이자"가 아닌 "아스트라제네카" 백신이라 전국 경찰관들이 다 접종받고 있는 백신을 나는 만일을 걱정하여 꺼리던 접종이 오히려 우리곁에 찾아온 코로나19 감염병 확진 환자가 빠른 속도로 확산되면서 나에겐 미접종자라는 생각이 뇌리를 스치며 나를 압박해 왔다.

그래서 용기를 내고 잔여백신이 남아있는 병원을 검색하기 시작하여 잔여백신을 예약하러 했으나 그 또한 쉬운 상황은 아니었다.

잠시 망설임도 있었다. 그러나 내겐 올 6월에 귀여운 손녀 다미가 탄생했다 손녀를 위해서라도 아무 백신이라도 잔여백신이 있으면 접종을 하기로 마음을 먹었다. 접종을 위해 약 한 달여 기다리고 있었는데 다행히 딸에 도움으로 모더나 백신접종자로 예약에 성공했다. 그러나 백신 부작용이 염려되어 접종당일 까지 자신에게 백신주사는 아무나 맞는거야! 괜찮을 거야! 내일 "모더나" 백신을 접종할 건데 백신이 몸 안에 들어오면 거부하지 말고 잘 받아들여줘!

그래서 항체가 잘 생기게 해!
접종 잘하자
쓰담쓰담 내 자신을 격려했다.

2021년 7월26일 오후 2시 서귀포365의원에서 모더나 백신 1차 접종을 하는 날이다. 미리 서둘러 병원에 가보니 여러사람들이 백신접종을 위해 줄서 문진표를 작성하고 차례를 기다리고 있었다. 백신을 접종하기 전에 신분증제시, 열체크, 예방접종 예진표를 받아들고 서명을 한 후 전문의사에게 현재 컨디션 상태, 복용하는 약, 기저질환 유무, 독감백신주사 이상반응이 있는지의 질문을 받은 후 잠시 기다리다 간호사에 호명에 따라 주사실로 향했다.

간호사는 친절하게 자주 쓰는 팔 반대편을 맞으라고 했다. 그래야 덜 힘들다고 얼마나 능숙한지 따끔할 거라는 안내말에 수긍이 채 끝나기도 전에 접종이 끝났다.

주사바늘 흔적 위에 밴드가 붙여지자 미리 준비해 둔 오른쪽

바지주머니에 타이레놀 10알을 손에서 만지작거렸다.

접종이 끝나자 잠시 15분간 다른 장소에서 기다리게 했다.

"아나팔락시스 쇼크(특정한 물질에 관민반응)"를 살피기 위한 과정을 거치고 15분이 경과해도 이상 반응이 없이 1차 백신접종을 원만히 마쳤다.

하루, 이틀, 삼일지나도 백신으로 인한 아무런 증상없이 1차 접종을 마쳤고, 모더나 백신 공급이 더디면서 2차 접종은 8월23일에서 9월6일로 2주간 연기되면서 기다리는 동안 1차 접종경험이 있어 2차 접종은 순조롭게 접종이 이루어 지면서 그동안 나의 머리를 복잡하게 했던 백신에 안 좋은 이미지를 떨쳐낸 접종완료자가 되었다.

코로나19 극복을 위해 모든 국민들에게 백신을 접종하게 해준 나라와 국민들을 위해 연일 그리고 오늘도 헌신하시는 의료봉사 종사자 분들에게 이 자리를 빌어 감사와 경의를 표한다.

사랑의 손길

화요일 늦은 퇴근 시간!

사무실 일을 마치고 퇴근길 차를 몰고 집으로 향하던 중 중문 우체국 버스정류장 옆 횡단보도 상에 허리 굽은 할머니가 걷다가 허리가 아프신가 잠시 멈춰선 모습을 보고 나도 운전하는 차를 횡단보도 앞에서 멈췄다.

할머니는 한쪽 다리가 아프신가 한걸음 걷다 서서 양팔로 양 무릎을 짚고서서는 몸이 한켠으로 쏠리듯 걸음을 걷다 멈추고 걷다 멈추고를 반복했다.

난 순간 3년전 돌아가신 어머님의 모습이 떠올랐다. 우리 어머니도 돌아가시기 전에는 몸이 불편해서 저런 모습일 거라는 생각에 갑자기 눈물이 왈칵, 그대로 할머니 앞을 가로질러 차를 몰아 지나치기가 어쩐지 미안하기만 했다.

할머니는 횡단보도를 겨우 건너 버스정류장 쪽으로 걸어가 마침 정류장에 도착해 정차한 버스에 타고 할머니는 목적지 방향인지 서쪽으로 향했다.

저녁 아홉시가 조금 넘은 퇴근길에서 만난 할머니는 나로 하여금 지금은 나의 곁에 없는 어머니를 다시 한번 떠오르게 하는 순간이었다.

만일 저 할머니가 우리 어머니였다면 그냥 그대로 지나칠 수 있었을까 하는 생각에 잠겨 그날밤 나는 제대로 잠을 이룰 수가 없어 뜬 밤을 보냈다.

오늘 아침!

이른 출근길에서 어제저녁에 보았던 할머니를 중문우체국 앞에서 다시 볼 수 있었다.

내가 근무하는 중문파출소에서 홀몸어르신들을 부모님처럼 바라보며 섬기자는 의미에 "중문어부바"를 파출소 시책으로 정하고 추진하고 있는 때에 나는 어제저녁에 목적지까지 태워다주고 집에 가야 하는데 그냥 쳐다보기만 하고 지나쳐 버린 미안한 마음에 차를 잠깐 세우고 할머니에게 다가가 말을 걸었다.

어제저녁 늦게 어디에 갔다오시는 길이였냐고 물어보았다. 할머니는 다리가 아파 중문에 있는 한의원에서 침을 맞고 집에 가려고 했는데 갑자기 집에가는 버스 시간과 버스번호를 잊어버려 넋 놓고 도로 옆에 앉아 있다가 날이 어두워서야 겨우 버스번호가 생각나 버스를 타고 집에 갔다고 했다.

그러면서 오늘 아침도 허리가 아파 침을 맞기 위해 일찍 중문에 왔다고 말했다.

안스러운 마음에 할머니를 자세히 보았다. 할머니의 양쪽 무릎

바지가 하얗게 보플이 일고 천이 낡아 할머니 무릎 살결이 밖으로 비출 정도였다.

걸어 다니면서 허리가 아플 때마다 손을 무릎에 짚고서 온 힘을 기울여 걸었으면 옷인들 헤지지 않았을까

할머니와 한참을 대화를 나누던 중에 할머니 뒤편 도로바닥에 어떤 할아버지가 주저앉아 한쪽 다리가 드러나게 쭉 펼친 채로 양손을 앞으로 모으고 도움을 요청하고 있었다.

그 할아버지는 지갑을 잃어버려 집에 가려는데 버스비가 없다며 차비를 "조금만 도와주십시요! 하며 지나가는 사람들에게 도와달라고 바닥에 앉아 있었던 것이었다.

나는 할머니와의 대화를 잠시 멈추고 핸드폰 지갑을 열었다. 지갑속에는 만원짜리 지폐가 2장 있었다. 지갑에 있는 지폐 2장을 꺼내 할아버지 손에 쥐어주면서 버스 타고 가시라고 했다.

그러자 그 옆에서 가만히 지켜보던 어떤 한 분이 할아버지에게 다가가서 오천원권 지폐 한장을 쥐어주고 갔다.

우리 곁엔 도움을 필요로 하는 사람들이 많다. 오늘 당장 구걸을 하여서라도 살아가는 사람들이 있는 반면, 어려움 속에서도 꿋꿋하게 자립하는 사람들도 있다.

어제와 오늘 ! 나와의 스쳐 지나간 인연들을 다시 한번 돌아보았다.

젊고 건강한 우리는 건강할 때는 자신의 건강이 소중함을 잘 모르고 산다.

장애를 가진 이들을 보면서 자신이 몰랐던 많은 것들의 가치를 깨닫게 된다. 평범해 보여도 내가 가진 많은 것이 어떤 사람들에게는 얼마나 소중하고 귀한 것인지를…

오늘 하루는 도움의 손길을 원하는 모든 분들에게 조금이나마 따스한 사랑의 손길이 이어지고, 하루속히 건강을 지키며 행복한 삶을 살아갈 수 있기를 두손 모아본다.

어머니를 추모하며

꽃보다 아름답고 곱고 고운 젊은 인생을 오로지 자식 위해 다 바치신 우리 어머니!

커가는 자식들의 불평불만도 가슴 한켠에 불이 붙어도 항상 웃음으로 맞아주셨고 단 한 번도 힘든 내색을 하지 않으셨습니다.

아낌없는 사랑과 헌신은 저를 당당한 자식으로 사회에 우뚝서게 만들어 주셨습니다.

부족한 자식이 힘든 일이 생길 때 옆에서 숨죽이고 응원해 주셨던 나날들……

행여 자식이 잘못 될까봐 숨도 크게 한번 못내시면서 자식 없는 곳에서 한숨과 근심을 가슴에 품고 찢겨지듯 아픈 가슴으로 한평생 살아오신 나의 어머니!

어머니가 살아계실 때 왜 몰랐을까

아들이 28살 때 교통사고로 병원에서도 생사를 모르겠다며 사경을 헤맬 때 혹여 자식이 잘못될까 노심초사 밤잠을 못이루시며 손이 닳도록 기도와 걱정으로 보내신 나날들……

나는 어머니께서 정성어린 기도로 전 다시 소생할 수 있었습니다.

이제 아들도 귀여운 손주가 생겨 할아버지 소리를 듣고 있습니다.
제 아들이 늦게나마 어여쁜 며느리를 만나 결혼도 하고 손꼽아 기다리던 손녀도 보게 됐답니다. 이제 나이가 들어감을 새삼 느끼곤 합니다.

몸도 이곳 저곳 아프고 저리고 쓰시고 어머니께서 자식 위해 보낸 세월로 아파하는 어머니를 그저 병원에 모셔가서 치료만 해드리면 되는 줄만 알고 진정 어머니의 참뜻을 헤아리지 못하고 어리석음과 바쁘다는 이유로 고맙다는 말조차 못한 게 이제와 후회되고 저의 어리석음에 이젠 한이 되어 남습니다.

옛말에 너도 부모 되고 보면 부모의 마음을 알 것이라는 말의 의미를 할아버지가 되고서야 느낀답니다. 어머니께 효를 다하지 못한 아들로 항상 죄책감에 못 이겨 오늘도 어머니가 계신 추모공원을 찾습니다.

추모공원에 모셔진 어머니의 영정사진을 보노라면 어머니 황혼길마저 쓰디쓴 고통의 잔으로 가득 부어져 결코 삼켜 낼 수 없는 쓴 잔 이 건만 오늘도 당신은 눈물이 가슴으로 그 쓴잔을 마셔 버려야 했습니다

감사함도 잊은 채 그렇게 살아온 세월 오늘 아름답고 진정 감사한 당신의 날!
받기만 했던 자식이 드리지 못한 아쉬움으로 가슴 치며 참회의 눈물지어 보지만 더 크고 크신 숭고한 당신의 사랑에 목이 메어와 볼을 타고 흘러 내리는 눈물조차 부끄러움과 죄송스러움의 만감의

교차로 차마 닦아내질 못하겠나이다

쓴잔의 고통을 가슴으로 모두 마셔 아픔조차 느끼지 못하는 당신의 썩어 문들어진 가슴 받기만 한 자식이 그 큰 사랑을 어찌 다 알 수 있으며 가슴으로 품은 사랑 눈물로 보낸 그 밤들을 어찌 다 기억할 수 있으리까

남겨진 세월 남아있는 한 톨의 사랑마저 모두 쏟아내며 가시는 날까지 오르지 희생 하나 가슴에 품고 모질게 버텨 내신 당신이기에 이 자식은 당신을 추모하며 참회의 눈물로 불효를 조금이나마 씻어내려 합니다.

한 많은 세상 힘들게 견디어오다 가신 세월만큼 이 못난 자식은 남은 생애 천도로서 보답하고자 합니다.

어머니 나의 어머니 부디 왕생극락 하소서……

그리고 어머니 살아 생전 이 자식이 못다한 효도를 어머니께서 우리 곁을 떠난 후회에야 불효를 참회합니다.

어머니 헌신으로 이마에 깊게 패인 주름위로 제게 보여준 환한 웃음을 영원히 잊지 않고 제게 남겨진 시간을 추모하며 살아가렵니다.

정말 고맙습니다. 사랑합니다. 어머니……

삶의 일상

의자에 앉아 생활하는 시간이 많다보니 요즘들어 허리를 펼 수 없을 정도로 아프고 목도 뻐근하다.

의자에 한참을 앉아 골똘하게 컴퓨터와 눈싸움을 하면서 하얀 컴화면에 오른쪽으로 옮겨지며 써내려가는 깨알 같은 글씨를 보다 보면 어느 새 눈도 침침 허리에 통증으로 아파온다.

요즘은 일상생활에 불편할 만큼 허리통증이 부쩍 늘었다. 오늘도 어김없이 하루의 시작은 컴퓨터와 일과를 같이한다. 심해져 가는 허리에 문제라도 생길까 걱정되어 중문에 있는 중문한의원을 찾았다.

진료순서 안내에 따라 허리에 침도 맞고 물리치료를 받았다. 그런데 진료를 마치고 침대에서 일어나 양말을 신으려고 허리를 굽는 순간 허리통증이 견디기 힘들 정도로 밀려와 그대로 바닥에 주저앉을 만큼의 통증이 허리를 펼 수가 없었다.

큰 목소리로 간호사와 원장님을 불러 도움을 요청했다. 내가 벽을 짚고선 상태로 그대로 움직이지 말고 가만히 서 있으면서 허리를 조금씩 펴보라고 했다.

한참을 굽은 허리로 있다가 허리를 펴보려 해도 펴지질 않아 굽은 허리로 진료순서를 기다리는 다음 환자를 위해 진료실을 나와 엉거주춤 걸음으로 양손은 양 허리를 짚고 엉거주춤 사무실로 향했다. 허리에서 시작된 통증이 다리 밑으로 분산되었는지 걸음거리는 술 마신 사람같이 비틀대며 겨우 사무실에 도착하고 의자에 앉았다.

아 휴! 이대로 가다가는 허리통증으로 사무실 근무나 생활에 문제가 생길 거 같아 짬을 내어 운동을 해보기로 마음먹었다.

다음날 일찍 출근해서 천지연폭포옆 산책로를 따라 중문포구를 거쳐 컨벤션 앞을 지나 중문 오일장거쳐 사무실까지 돌아오는 구간으로 이른 아침 운동을 나섰다.

이른 아침인데 가는 길에 보니 음식점 상가 곳곳에 불이 환하게 켜져있다. 더구나 이 시간에 가게 안에는 몇 팀씩 식사를 하고 있는 것이 아닌가?

이렇게 일찍부터 아침을 먹고 출근을 하나보다?

걷다보니 또 식당이 나오는데 그곳 엔 제법 손님들이 많았다.

유리창 넘어로 비치는 손님들을 자세히 보니 일터에 가기 위해 출근하는 복장이 아니라 아마도 밤새 지인들과 술을 마시면서 묵은 이야기를 나눈듯한 표정들이다.

그러고 보면 요즘은 코로나19 방역수칙 완화로 활동시간이 예전과 많이 달라졌다.

우리 동네 가까운 대형 슈퍼들도 밤 11시면 영업을 마친다. 어떤 곳은 새벽까지 장사를 한다는 말도 들리지만 늦은 밤에도 시내 중심도로는 대낮같이 환하다. 지난 2년간 코로나로 영업에 제한을 받다 방역수칙 완화가 우리 주변에 활력을 불어넣고 있는지

일찍 자고 일찍 일어난다는 말은 이제 개인의 취향에 따라 옛말이 되어 틀린 말이 되어가고 있는 현실이다.

주부들에 일상도 예전과는 달리 가사일을 하면서도 자신의 건강을 챙기기 위해 운동과 취미활동을 하면서 틈새를 이용해 부업을 하는 경우도 많아지고 있다. 그러고 보니 주부들 역시 더욱 바빠진 것은 말할 필요가 없다.

청소년들이나 청년들은 인터넷을 통한 대중매체의 홍수속에서 건강을 잃을 정도로 게임이나, 토토도박 등 컴에 심취되어 부모님들의 걱정이 이만저만이 아니다.

너무나 급격히 변화되어 가는 이러한 풍토를 보면서 시대의 변화를 제대로 인식 못해 대처하는 삶의 방식을 생각하지 못하는 것은 아닌가

누군가가 이런 상담을 해온 적이 있다. 자신은 아직도 컴을 못다룬다면서 급변하는 시대에 본인만 자꾸 도태되고 있는 것 같다고.

아마 이 시대를 사는 다수의 사람들이 이런 고민들을 하고 있으리라 생각이 든다.

하지만, 아무리 물질문명이 앞서고 시대가 급변한다해도 변하지 않는 것 변해서는 안되는 것이 있지 않을까?

자신의 본심을 놓치지 않는 것! 자신이 하고자 하는 일의 목적을 잘 파악하는 일!

가볍게 스쳐버릴 수도 있는 기본적인 사항들을 잘 체크하는 것이야말로 급변하는 시대의 흐름에 휩쓸리지 않고 중도의 삶을 살아가는 방법이 아닐까! 하는 생각을 떠올리며 걷다보니 어느 새 그렇게 나를 괴롭혔던 허리통증도 장난같이 없어지고 걷는 내내 힘든 것을 잊고 정한 운동코스를 완주할 수 있었다.

나의 허리통증에서 이어진 운동과 운동길에서 마주친 타인들의 삶의 일상에서 나를 찾는 삶의 일상을 배울 수 있어서 보람된 하루를 열어갈 수 있었다.

하소연

우린 살다 보면 누군가에게 하소연을 하고 싶을 때가 있다.

그 하소연도 가까운 가족들에게는 말을 잘 못하지만 친한 친구나 맘 터 놓을 수 있는 지인들에게 슬며시 자신이 일이 아닌 다른 사람의 일인 양 답답한 심정을 말로 표현하면서 때론 위로를 받고 싶어한다.

나의 하소연을 친구나 지인들이 귀담아 들으며 "그래! 그랬어!" 정말 속상하겠다. "나라도 너처럼 화가 났을거야! "왠일이니? 그 사람 보는 눈이 정말 없구나! 네가 얼마나 좋고 진솔된 사람인데 그런 오해를…"하며 맞장구를 쳐 주며 걱정 투로 대답을 해줄 때면 나의 속상하던 일들이 잠시나마 잊혀지지 편안하지만

그렇치 않고 나의 얘기를 듣고는 시큰둥하게 "좀더 노력해보지 그랬어? "뭔가 오해를 하게 한 건 아니야! 하며 해결사 노릇을 하려는 친구나 지인들의 말을 들을 때면 나를 이해하지 못하는 친구나 지인들에게는 앞으로 다시는 내 속내를 이 친구 앞에 선 드러내지 말아야지! 하는 생각이 든다.

친구는 내 편을 들어줄 것이라는 생각에 어렵게 얘기를 꺼내었는데 그런 말이 돌아오면 괜히 얘기를 꺼내었나 스스로 자책하는 마음, 서운한 마음이 들 때가 있다.

언젠가 나와 친했던 친구들과 모임을 하면서 처음에는 제법 잘 되었고 친구들과의 우정도 빛났다. 몇 년이 지났을까, 모임에 총무를 맡아오던 친구가 갑자기 전화통화도 안되고 모임에도 나오지 않아 친구들이 걱정하는 일이 생겼다.

무슨 일일까? 총무를 맡고 있는 친구가 연락이 안되는 상황이라 친구들은 공금관리 문제부터 걱정하며 서로에게 하소연을 늘어놓았다. 친구가 무슨 일이 생긴 건 아닌지 걱정이 먼저고 친구의 안부를 확인하는 것이 먼저인데 서로 하소연만 하다니 친구가 맞나 싶어진다.

그럴 때 그를 향하던 잣대를 자신에게 돌려 보면 어떨까 싶다. 아! 내가 이 친구에게 뭔가를 기대했구나! 내가 이 얘기를 꺼내게 된 참동기가 뭐지? 내가 상대에게서 듣고자 했던게 뭐였을까? 그렇게 질문을 하다보면 내 욕구와 감정을 알아차리게 된다.

그것을 알고 나면 비록 친구에게서 공감을 받지 못했다 해도 한결 마음이 편해지고 섭섭한 마음보다 그냥 얘기한 것으로 끝날 뿐이다. 그 친구와 좋은 관계를 지속해서 이어갈 수도 있게 된다. 누군가 나의 마음을 몰라 줄 때 자신에게라도 위로를 받아보는 건 어떨까

하소연보다 고개 들어 먼 파란 하늘을 쳐다보며 자신을 위로하며 나를 돌아보는 시간을 가져보는 것도 좋을 듯하다.

택시기사로부터 배운 한수

오랜만에 택시를 탔다. 오늘 직원들과 오랜만에 코로나19 방역조치 완화로 직원들과 회식자리가 있어 차를 두고 택시를 타고 집으로 가기위해 지나가는 택시에 손을 들어 멈춘 택시를 탔는데 택시기사님이 반갑게 "어서오십시오 목적지를 말씀하시면 안전하게 모시겠습니다" 라는 말과 함께 운전석 옆에 "제차를 이용해주셔서 대단히 감사합니다."란 글귀가 눈에 띄어 저절로 웃음과 함께 기분이 좋았다.

기사님의 성품에서 따뜻함을 느껴지는 순간이었다. 기사님 '참 친절하시네요'라고 말을 건네자 기사님은 기분 좋은 말투로 네! 하며 그 많은 택시들 중에 제 차를 이용해 주시는 손님들이야 말로 더욱 고맙지요 라는 기사님의 겸손함까지도 느껴졌다.

기사님은 나와의 대화가 시작되자 택시 운전하면서 겪었던 이런저런 어려웠던 심정을 털어놓았다. 때론 택시를 탄다고 손님들이 함부로 무시하는 경우가 많아서 힘들었고 동쪽에서 뺨 맞고 서쪽에서 푸는 양으로 괜히 이유 없이 기사들에게 짜증 내고 아들뻘 되는 젊은이들로부터 반말은 물론 심지어 택시 내에서 담배까지 피우면 차 안에서는 담배를 피우지 말라고 하면 욕과 함께 택시요금까지 내지 않아 경찰서 걸음까지 했던 일들을 쏟아내며 살아가는 게 더욱 힘이 든다고 했다.

그래도 할 줄 아는 게 운전이라 다 늙어 노느니 작은 돈이라도 벌 수 있어 얼마나 다행스러운지 모른다며 학창시절 공부 잘하던 친구들이 공무원 생활하다가 퇴직한 친구들도 많은데 지금 다 퇴직하고 일없이 노는 사람들이 많다며 나이에 구애받지 않고 지금도 일을 하고 있으니 잘했다는 생각이 든다고 했다.

요즘은 운전을 하며 받은 월급으로 손주 용돈도 주고 반찬값을 보태줄 수 있어 며느리가 지금도 일을 할 수 있는 우리 아버님이 최고!라며 엄지척을 한다며 가족들에게 인정을 받고 있다는 생각에 힘들어도 힘내고 자랑스럽게 일하고 있다는 말도 했다.

이어 제 며느리가 참 착하다며 며느리 자랑 보따리를 풀어놓았다. 아이들이 결혼할 때 며느리에게 딸처럼 생각하겠다고 했다는 말에 나도 문뜩 우리 며느리가 생각났다.

아들과 며느리가 결혼 전 사돈을 만나 상견례 때 사돈에게 며느리를 내 딸같이 생각하고 아껴주겠다고 약속했던 생각이 떠올라 기사님에 말에 공감하며 나도 모르게 웃음이 나왔다.

기사님의 며느리 자랑에 힘내시라고 내가 엄지척을 해주었다. 가족의 정이 담긴 이야기 속에 취해 달리던 택시는 어느새 목적지에 도착했다. 나는 택시기사에게 안전하고 지루하지 않게 태워주어 감사하다는 말을 남긴채 택시에서 내려 집 대문까지 걸어가는데 밤낮 택시일을 하며 힘들 법도 한데 용돈도 벌고 가족들에게 인정도 받고 있다는 기사님의 말을 떠올리며 나의 오늘 하루를 마무리하면서도 값진 인생을 배울 수 있었다.

손녀 돌잔치

나의 손주 이름은 김다미이다.

오늘은 나의 손녀 다미가 우렁찬 울음소리와 함께 세상에 태어난지 1년이 되는 날인 다미 돌잔치 날이다.

우리 가족은 아침 일찍 일어나 부지런을 떨며 손녀의 돌잔치에 갈 준비를 마치고 처와 딸과 함께 셋이서 돌잔치 연회장으로 예약된 엠스테이호텔 천지연홀로 향했다.

돌잡이에 다미가 무엇을 잡을까 우린 궁금해하면서 차를 달려 호텔 연회장에 도착했다.

호텔 연회장 무대위에 차려진 돌상은 예쁘고 고급스럽게 꾸며져 있었고, 돌상주변에는 하얀 플라워를 이용하여 은은한 아름다움을 뽐낼수 있도록 완성되어 있었다. 중앙에는 큼지막한 케이크와 양 사이드에 과일과 돌 떡이 장식되어 있었고, 다미가 돌잔치에 입을 예쁜 한복과 드레스가 병풍위에 걸쳐져 우아함이 다미가 입으면 예쁠 것 같았다. 돌잔치 상차림을 의뢰를 받은 업체에서 다미를 위한 정성껏 준비한 것 같았다.

연회장 입구에는 포토테이블도 꾸며져 사랑스러운 다미 아가의 다양한 모습이 담겨있는 액자도 준비되어 있었고, 하객들을 위한 답례품도 고급스럽게 마련되어 아들과 며느리의 정성이 느껴지는 순간이었다.

아직은 코로나19가 완전히 끝이난게 않은터라 가족들만 모여 조촐하게 마련한다고 했지만 아들과 며느리가 첫 딸 생일을 축하 해주기 위해 많은 준비를 한 모양이다.

하얀 드레스를 곱게 차려입은 손주 다미가 엄마와 아빠에 양손을 잡고 이끌어 이제야 갓 배운 걸음마로 오늘이 자기의 생일을 축하해주는 날이라는 것을 아는지 당당하게 웃으면서 제법 잘 걸어서 생일 축하장으로 입장한다.

다미는 가족과 친지들의 축하를 받으면서 돌상이 차려진 곳에 주인공 자리에 앉자 드디어 돌잔치를 시작한다는 멘토와 함께 돌잔치가 시작되었다

돌잔치에 하이라이트는 돌잡이다. 과연 다미는 손에 무엇을 잡을까 하객들이 모여궁금해 하는 순간 사진촬영 기사가 다미의 시선을 끌려고 조그마한 축구공을 손에 들고 위로 던져다 잡았다를 반복하며 다미가 첫 생일을 맞이한 추억을 곱게 남기려고 사진을 찍는 내내 카메라에 시선을 맞추려고 안간힘을 쓴다.

축구공이 다미에 시선을 끌어서일까 그 공이 돌잡이상에 올려놓자마자 다미가 축구공을 손에 쥐었다.

다미 아빠는 축구공을 손에 쥔 딸을 보고 커서 유명한 축구선수가 될 거라며 좋아했지만 다미 할아버지인 나의 마음은 손주가 맘껏 실력을 발휘할 수 있는 의사나 공무원이 되었으면 하고 생각하고 있는 찰라 하객들도 사진기사에게 사진기사님이 축구공을 올렸다 내렸다 하며 다미에게 학습효과를 보여 다미가 축구공을 잡았을 거란 반응에 축구공을 다른 곳으로 치워놓고 다시 돌잡이를 하기로 했다. 이번에는 다미가 무엇을 잡을까 하는 순간 다미가 청진기를 손에 잡고 들어 올렸다

우와! 우와! 우리손주 다미가 의사가 되려나 보다 하며 돌잡이에서 청진기를 든 다미를 향해 모두가 박수를 치며 축하 해주었다.

우선 다미 독사진을 찍고 이어 아빠랑 엄마랑 같이 사진을 찍고, 그리고 할아버지와 할머니, 외할아버지랑 외할머니랑 같이 기념사진을 찍고는 엄마 아빠 지인들과도 추억을 남기는 사진촬영이 이어졌다.

사진촬영이 끝나자 다음 순서는 다미 첫 생일을 축하하는 선물 전달식을 가졌다.

다미에게 전달되는 선물은 순금 장식한 황금빛이 반짝이는 돌반지와 팔찌, 목걸이가 다미 손가락과 팔목 그리고 목에 걸리자 다미도 금은 좋은 모양 내내 함박웃음을 잊지 않은 듯 다미가 마냥 행복한 모습이다.

나는 마음속으로 빌어본다. 손주 다미가 지금 갓 배운 걸음마로 세상을 시작하지만 건강하고 똑똑하게 자라 다미 앞에 펼쳐진 세상을 힘차게 열어가기를 응원해 본다.

바른 안목

어느 봄날 서귀포산업과학고등학교 학생 생활지도를 담당하는 학생부장 선생님에게서 전화를 받았다. 전화내용은 학부모를 상담해줄 수 있는냐는 전화였다.

갑자기 무슨 일이기에 학생이 아닌 학부모 상담을 요청하느냐고 물었다.

그러자 학생부장은 학교생활에 적응이 어렵고 반 아이들과 자주 싸움을 하고 지도하는 선생님에게까지도 반항하고 있다며 학부모를 학교로 오시게 하여 학교생활을 알리고 학생지도를 부탁하려고 했는데 학생 아버지까지도 학생지도 선생님들이 하는 말을 아예 들으려고도 안하고 큰소리치며 욕부터 하며 성질만 부린다고 했다.

나는 선생님 전화통화 내용만으로도 그 학생에 가정사를 지레 짐작할 만했다. 얼마나 힘이 들었으면 학교 선생님이 나에게까지 급하게 도움을 요청할까 하는 생각에 상담을 도와주기로 했다.

며칠 후 우리 상담실을 찾은 학생과 학생의 아버지와 어머니 해서 3명이 처음으로 한자리에 같이 만났다.

상담 전 내담자인 학생에게 학생의 이름과 학교에서 생겼던 일에 대하여 질문을 했다. 학생은 자신에 이름은 정우성(가명)이고 3학년 학생이라고 대답했다. 학교에서 있었던 일은 집에서부터 아버지 때문에 살기 싫고 학교도 다니기 싫다며 우성이가 겪고 있는 불편함을 토로했다. 그러면서 학교에서도 선생님들이 자신의 입장을 이해하고 고민을 해결해 주지는커녕 인사를 안 하면 버릇없다 하고 말썽 피우는 아이로 낙인이 찍혀 학교생활 적응이 어렵다는 것이었다.

이번 일도 선생님에게 평소 낙인찍힌 불만적인 태도를 보인 나를 못마땅해서 버릇이 없다며 학교에서 문제삼아 아버지와 어머니를 학교에 불렀다며 오히려 자신이 한 행동이 정당했다는 것 같이 말을 하는 것이었다.

그런데 한참을 우성이 말을 옆에서 듣던 우성이 아버지가 버럭 화를 내면서 그 만씩한 걸 가지고 농사일 바쁜 사람 오라 가라 하느냐며 신경질적인 태도를 보이며 아들 편을 들기 시작했다.

가족 간에 보이지않는 "역동"이 일어난 것일까

"역동"이란 가족 간에 서로 지속적인 상호작용과 상호관계가 일어나는 것을 말하는데, 쉽게 말하자면 가족 중에서 특히 아이들 입장을 잘 이해하며 마음이 잘 통하고 지지를 받거나 하는 경우를 말한다. 즉 "편들기"로 이해하면 된다.

예를 들어 부부사이가 원활하지 못하면 아들이나 딸이 중재자 노릇을 하고, 아이들에게 문제가 생기면 부모들이 무조건 아이들 편에서 이해하려 하는 것이다.

만약 어머니가 아버지로 인해 속상해하는 일을 아들이나 딸에게 호소를 하면 어머니와 상담 대상이 된 자녀들은 어머니에 대해 신뢰를 갖고 아버지와의 관계는 한순간 신뢰도가 깨지는 것을 말한다.

계속되는 우성이 하소연을 아버지가 편들기를 한참 중에 우성이 어머니가 갑자기 큰소리로 이 모든 일들 원인이 우성이 아버지 때문에 생긴 일이라며 우성이 아버지를 나무란다.

매일같이 우성이를 만나면 으르릉거리며 이유 없이 욕을 하며 싸움을 걸어 다투는 일이 많다보니 우성이가 힘들어한 게 얼마나 많았냐며 학교생활인들 제대로 하겠냐 우성이가 집에서 겪고 있는 일들을 털어놓으며 우성이 아버지를 원망했다.

우성이 어머니 말을 듣다보니 우성이가 학교생활에 적응 못하는 원인을 발견할 수 있었다. 우성이도 어머니 말을 듣다 모든 게 아버지로 인해 생긴 일이다. 죽이고 싶도록 아버지가 원망스럽다. 학교는 다녀서 뭐하냐 자퇴할 생각이라고 했다.

우성이네 가족은 처음엔 우성이 부모님 사이가 좋지않아 어머니가 아버지와 이혼을 하겠다는 말에 자녀들이 끼어들어 화해를 시켜보려고 중재자로 관여하였다가 오히려 어머니 말만 듣고 아버지에게 잘못했다고 말을 한다는 이유로 가족들 간의 불화가 계속되어 얼굴을 볼 때마다 다툼이 생겼다는 문제점을 확인할 수 있었다.

우성이가 지금까지 겪고 있는 고민을 부모가 선생님이 이해하고 고민을 해결해주었다면 나쁜 아이로 낙인찍혀 이번 일과 같은 일이 생기지 않았을 텐데 왜 우성이를 이렇게 힘들게 했을까.

고개 숙여 눈물을 흘리며 울음을 터트린 우성이가 안타까운 마음이었다. 나는 우성이 부모에게 지금 상황에선 우성이를 위해 부모가 해줄 수 있는 건 지속적인 상담을 하면서 우성이 마음을 이해하면서 고민사항을 스스로 해결할 수 있는 능력을 키워주면서 부모의 역할을 찾아보자고 하여 그 후로 6개월간 부모와 함께 한 상담은 우성이는 당당하게 고등학교를 졸업하고 문제아가 아닌 한 가정의 착한 아들 복귀할 수 있었다.

모든 변화는 "내가 깨닫고 선택할 때 변한다."라고 한다. 즉 본인이 선택해야 변화가 일어난다는 것이다. 우성이 가족 상담에서 상대를 이해못한 행동 모든 게 "마음이 문제"라는 것을 다시 한번 돌아보게 되었다.

어느 누구든 자신의 문제를 공감을 원하는 마음과 자기 자신의 마음을 녹이는 방법으로 해결하지 못하고 "내 생각이 틀리지 않았고, 내 행동과 선택이 결코 잘못되지 않았음"을 누군가에게서 인정받고 지지받기를 원한다.

그런데 그 지지받고자 하는 그 마음도 바로 욕구와 욕망 우리의 본래심이 되어 가고 있다. 우리 주변에서 일어나는 모든 현상은 한 개인의 문제뿐만 아니라 모두와 연관되어있는 상호의존성을 띠고 있다는 사실이다.

부모의 문제도 결국 자녀들에게까지 영향을 준다는 사실도 명심해야 한다.

그렇기에 가족구성원 중에 한 사람만이라도 바른 안목을 가지고 노력한다면 우성이네 가족같이 가정의 분위기도 점차 달라질 것이라 믿는다.

사회복지사 현장실습을 마치고

직장인들이 고민거리는 퇴직 후 제2의 취업을 생각하게 된다. 나 역시 퇴직이 후 노후대비를 위해 나름 다양한 자격증을 근무시간 이외에 시간을 활용하면서 열심히 노력한 결과 20여 개의 자격증을 취득한 어엿한 전문가 수준이 되어 있었다.

그러던 어느 날 직장 동료 후배인 태신이가 사회복지사 자격증 취득을 위해 3학기 사회복지학사과정을 등록하고 학습하면서 사회복지사 학습을 하는 모습을 보게 되었다.

사회복지사는 나의 관심분야이기도 했다. 37년여 년 간 서귀포시 지역사회에서 소외계층 청소년들을 위한 상담과 선도활동, 프로그램 운영을 집사람과 같이 해왔던 터라 사회복지사 자격증은 꼭 취득하고 싶었다.

동료 후배 태신이에게 사회복지사 자격증 취득과정 학습신청 방법을 듣고 해밀원격평생교육원에 2022년 1월 26일자로 나도 드디어 사회복지학사 학습신청을 하고 수강료를 납부하고 사회복지사에 길로 입학을 했다.

처음에는 3학기 과정이라 내가 할 수 있을까 하는 망설임도 적지 않았다. 젊은 직원들도 힘든다는 사회복지사 학습을 내 스스로 학습을 하고 각 과목마다 학습계획서와 토론, 각과목별 레포트 작성제출, 25차 강의를 듣고 난 후 중간시험과 기말고사를 통과해야 한 학기를 마칠 수가 있었다.

1학기 과정 시작은 사회복지행정론 등 7개과목에 대한 강의 계획서, 토론 참여, 각과목별 레포트 작성제출과 강의 중간에 중간고사와 25차시 강의를 종료하고 기말고사 시험을 치루고 나서야 1학기 과정을 마칠 수 있었다.

나는 다행히 늦은 공부지만 1학기 과정을 처음 접해보는 사회복지학을 하나라도 놓치지 않으려고 강의를 집중하면서 열심히 한 결과 무사히 1학기 과정을 마치고, 5월 26일 2학기 과정으로 진학했다.

2학기 과정은 1학기 과정 교과목외에 장애인복지론 등 6개 과목을 등록하고 다시 학습계획서를 제출하고 토론과 각 6개 과목별 25차 강의를 듣고 레포트 작성제출, 그리고 중간고사와 기말고사를 치루고 무사히 2학기 과정도 마쳤다.

이제 드디어 전문직 사회복지사로 거듭나기 위한 사회복지기관 현장실습을 위해 세계사이버대학에 시간제 현장실습을 위해 입학원서를 등록하고 160시간 중 80시간에 대한 세계사이버대학에서 과제주제로 제출한 실습과제 10과제에 대하여 1과제당 8시간씩 10과제 레포트 작성제출과 12차시 온라인 강의를 듣는 방식의 현장실습과 나머지 80시간은 세계사이버대학에 실습생인 내가 신청한 사회복지시설에서 직접 현장실습을 1일 8시간 10일간 80시간을 이수하는 조건으로 현장실습이 이루어졌다.

나는 9월 2일부터 9월 19일까지 서귀포시 인정오름로에 위치한 장애인 복지시설인 정혜재활원에서 현장실습을 시작했다.

정혜재활원은 중증장애인 입주생활시설로 이홍기 정혜재활원장을 먼저 면담하고, 이어 실습지도자인 이 금 선생님으로부터 현장실습에 관한 시설 입주장애인들에 성향을 먼저 파악하면서 전문직인 사회복지사가 가져야 할 자세와 해야할 일 등을 자세하게 슈퍼비전과 피드백을 받으면서 현장실습을 하였다.

처음 실습현장에서 정혜재활원 생활실인 기쁨동 입주 중증장애인들을 뵈었을 때는 중증장애인들도 장애는 있지만 사회복지사들에 정성어린 보호를 받고 있어 이들의 모습은 장애는 있지만 순박하고 너무도 정겨웠다.
시설에 계시다고 믿기지 않을 만큼 표정들이 밝고 입주해 있는 장애인들간에 다정다감함도 느껴졌다.

나는 시설입주 중증장애인들에 건강을 위해 내가 실습하고 있는 기쁨동 생활실을 제일 먼저 '반짝반짝' 빛나도록 깨끗이 청소를 했다.

시설입주 장애인들이 생활하는 방과 거실을 청소기로 먼지를 털어내고 면 물걸레로 바닥을 온 힘을 다해 걸레질을 하면서 먼지를 완전히 닦아냈다.

장애인들은 청소하는 나에게 다가와 어눌한 말투로 '수고한다고'

하며 눈인사를 하고 청소에 방해 안 되도록 자리를 비켜주었다.

몇몇 입주 장애인들은 실습생의 부축을 받아, 선임 사회복지사와 함께 휠체어를 타고 생활실과 거실 주변, 시설 주변 산책로를 산책하며 돌아다니면서도 장애를 앓고 있어도 웃음만은 잃지 않고 환희 웃는 얼굴로 고맙다는 다례를 했다.

거동이 불편한 다른 장애인들은 가족들도 힘들어 못한 입주시설에서 사회복지사들의 도움을 받으면서 목욕서비스와 옷 갈아 입혀주기 서비스를 받고 나면 입주장애인들은 개운함에 웃음을 잃지 않았고, 뭉쳐있는 근육들을 풀어주고 나면 더더욱 기쁨을 잃지 않는 미소로 답례를 했다.

중증장애를 앓고 있는 장애인들이 생활하는 곳인 만큼 중증장애인들이기에 마음만 있을 뿐 목도 자유롭게 돌릴 수 없을 뿐만 아니라 열손가락 마져도 쉽게 헤아리지 못하는 장애인들도 있었지만 눈길 만큼은 생활지도사에게서 눈을 떼지 못했다.

실습도 하루 8시간씩 10일을 시설에 출근하여 하루 일과 시간동안 장애인들과 함께 하면서 같이한 시간도 벌써 실습목표 시간 80시간과 실습일지가 빼곡이 채워지면서 9월 2일에 시작한 현장실습이 9월 19일 드디어 현장실습을 무사히 마칠 수가 있었다.

실습 기간내내 나는 좋은 부모님을 잘 만나 호의호식하며 태어나면서부터 건강하고 부모님의 뜻을 받들어 잘 살아왔지만 이 곳 입주 장애인들은 태어나면서부터 불행하게 중증장애를 갖고 태어나 힘든 나날을 보내고 있는 이들을 보면서 다짐도 했다. 이왕에 전문직 사회복지사의 길로 들어선 만큼 사회복지사의 임무와 윤리강령을 지키면서 책임감있게 소통과 공감하며 인권존중, 사회봉사자의 기본원칙을 배워 나가겠다고……

현장실습을 마치고 마지막 3학기 과정은 11월 23일부터 시작된다.

마지막 3학기 과정도 1학기와 2학기 과정과 같이 전문직 사회복지사로 거듭나기 위해 소통과 희생과 공감으로 열심히 배워 우리사회에서 소외로 어렵고 힘든 우리의 이웃을 위해 헌신해 나갈 것이다.

어렵게 취득한 자격증 사회복지사는 전문직으로서의 품위와 자질을 유지하고 내 자신이 맡고 있는 업무에 대해 책임감을 갖춘 사회적 약자를 옹호하고 대변하는 일을 찾아 오늘도 힘찬 발걸음을 내딛어 본다.

올레낭콤

내가 나고 자란 곳은 서귀포시 신효동이다.

제주 감귤의 고장이기도 하다.

어릴 적 우리 동네에는 공동수도가 없어 물 뜨러 어머니들이 물허벅을 등에 지고 올레낭콤 냇가에 가서 물을 떠다 마셔야 했다.

그 당시는 물을 떠오는 담당은 거의 집안 여자들의 몫이었다. 특별한 이동수단이 없을 때라 물허벅을 걸빵에 메어 등에 지고 4키로 가량 먼거리를 동네 아주머니들은 몇 명씩 벗을 삼고 신효마을 동쪽에 있는 효례천 상류 올레낭콤까지 가서 물을 떠와야 했다.

집집마다 물이 귀할 때라 하루 종일 올레낭콤을 왔다갔다 하기를 왕래하며 물을 기러와야 부엌 한 켠에 커다란 물항아리에 물이 가득찬다. 그제서야 물항아리에 먼지가 들어가지 않게 항아리 뚜껑을 덮고 나서야 물길러 오는 일이 끝이난다.

어머니가 어렵게 물허벅을 등에 지고 길러오다 보니 물이 귀했고 떠온 물을 아껴쓰기 위해 목욕도 제대로 못하고 물바가지로 물을 조금 떠서 세수대야에 부어놓고는 손에 물을 젖혀 겨우 세수할 정도였다.

길러온 물로 밥도 짓고 국도 끓고 며칠을 먹고 쓰다보면 물항아리에 물이 동이나면 다시 올레낭콤 왕래가 다시 시작된다. 올레낭콤에는 상류에는 속칭 "음료수"라고 하여 동네사람들에 먹는 물로 사용했고 하류에는 더운 날씨에 아이들이 모여 멱을 감는 곳으로 약속이라도 한 듯 그 규칙이 지켜져 왔다. 올레낭콤은 우리동네 사람들에게 참 고마운 존재였다.

물허벅을 등에 걸머지고 고무신을 신고 흙먼지가 날리는 비포장도로를 걸어 올레낭콤을 왕래하다보면 신고있던 고무신이 찢어지고 발에선 시뻘겋게 멍이 들어 물집이 생기고 발등에 흙먼지가 쌓인 고무신 자국이 선명하게 새겨지고 부풀어 올라 돌 위에 걸터앉아 아픈 발을 쭉 펴고 손으로 몇 번을 주무르면서 집에서 올레낭콤까지 왕복했던 아름다운 옛 추억이 있는 곳 올레낭콤!

여름철 무더운 날씨에 동네 아이들이 의지할 수 있는 유일한 곳은 오로지 올레낭콤 밖에 없던 시절 동네 아이들과 삼삼오오 벗을 삼아 올레낭콤에 멱을 감기 위해 가다가 배고프면 가슴높이 돌담 아래 재배 중인 참외와 수박, 물외를 역할분담을 하고 망보는 아이와 서리하는 아이로 나눠 서리한 과일을 남몰래 나눠 먹던 여름 제철 과일 맛은 요즘 시중에 팔고 있는 과일보다 맛이 있었다.
옛적엔 먹는 것이 변변치 못했던 시절이라 친구들과 같이 길가다 배고프면 서리해서 먹다 주인에게 들켜도 현장에선 혼을 냈지만 동네 어른들은 배가 고픈 아이들의 마음을 잘 이해 해시던 시절로 정이 넘쳤던 나의 어릴적 추억 속에 자리잡고 있다.

서리로 곱은 배를 채우며 걷다보면 어느새 올레낭콤에 도착한다.

야호! 야호! 물만난 물고기처럼 무작정 물속으로 뛰어들던 아이들이 올레낭콤에서 헤엄도 치고 물장구도 치면서 친구들끼리 서로 편을 갈라 물싸움도 하고, 신고간 고무신을 물에 헹크고 젖은 고무신을 양손에 잡고 신창 몰르라 발창 몰르라 하며 두들겨 신발을 말리며 시간 가는줄 모르게 놀았던 추억이 있는 곳…… 올레낭콤!

이제 환갑을 곧 넘겨 찾은 나의 어릴적 추억이 있는 곳 올레낭콤을 찾았을 땐 올레낭콤은 흔적조차 없이 개간하여 밀감과수원으로 변해 있었다.

아뿔사 나의 어릴 적 추억이 하루 아침에 머릿속에서 지워지는 듯한 느낌에서 당황할 수 밖에 없었다.

도로개설과 감귤밭으로 개간하고 하천정비로 인해 흔적을 찾아 볼 수 없는 올레낭콤은 지난 60년 세월 앞에 세상에는 영원한게 없다는 말이 실감이 날 정도로 나의 어릴적 추억을 지워지지 않게 머릿속에 남아 있는 추억으로 대신하여 고히 간직하고 싶다.

아! 나의 어릴적 어렵고 힘들었던 추억이 만들어 낸 올레낭콤!
다시는 볼수 없지만 그래도 나의 머릿속에 아직도 생생하게 남아있는 추억으로 영원히 잊혀지지 않고 남아 있으면 좋겠다.

내리사랑도 좋지만 치사랑(오리사랑)은 기본

"내리사랑은 있어도 치사랑은 없다."는 말이 실감나는 현실이다.

사람은 어머니의 육신을 빌고 아버지의 뼈를 빌린 은혜로 세상에 태어난다. 세상에서 첫눈 뜨고 첫 만남의 인연도 자신을 낳아준 부모님인 건 다 아는 사실이다.

축복 속에 태어나 성장할 때까지 세상에 부러울 것 없이 부모에 보살핌 속에서 사랑을 듬뿍 받으며 살아갔지만 훗날 성장하고 보면 부모에 대한 은혜를 잊고 사는 우리네 인생사가 슬프기만 한다.

나 역시도 무한한 어머니에 내리사랑을 어른이 된 후까지도 아낌없어 받았다. 어린 시절에 자전거를 타고 놀다가 골목길에서 택시와 부딪치는 교통사고로 내가 다쳤을 때 밭일 갔다 연락받고 한걸음에 현장으로 달려와 나를 등에 업고 발바닥이 닳도록 병원으로 달려가 치료를 해주셨던 우리 어머니!

친구들과 야구공을 갖고 놀다 실수로 공을 놓치는 바람에 옆집 창문 유리창을 깨트리는 사고를 쳤을 때도 혼내기보다는 피해보상을 해주고 피해자에게 머리를 조아리며 사과하면서도 웃는 얼굴로 나의 머리를 쓰담쓰담 쓸어주시며 자식 위해 든든한 지원자로 항상 내 곁을 지켜주신 어머니!

1988년도 경찰관으로 입사하고 근무하다 1991년 2월 13일에는 표선면 가시리에서 내가 운전하던 스텔라승용차와 25톤 화물 덤프트럭이 충격하는 교통사고로 간 3분의 2를 절제과 양쪽 발목이 골절상으로 사경을 헤매일 때, 담당의사가 가망없다며 마음에 준비를 하라고 할 때도 우리 어머니는 이 자식을 살리겠다는 신념으로 밤낮 가리지 않고 부처님 전 두손 모아 기도하며 빌고빌어 현재 당당한 아들로 키워주셨다.

말썽만 피웠던 아들이지만 평생을 자식을 위해 헌신하며 먹고 싶은거 안먹고 쓸 거 안 쓰며 모아논 전 재산을 자식들에게 다 물려주면서 내리사랑을 해오신 그런 어머니를 나는 근무가 바쁘다는 이유로 아프시다며 병원에 데려다 달라고 했을 때 근무일을 피해가며 나의 한 시간에 맞춰가며 생색내 듯 어머니에게 했던 행동들…

너희들도 자식 낳아보면 부모 마음 안다는 말이 있듯이 자식들도 나이가 차면 결혼하고 아이를 낳으면 자신도 어김없이 부모인걸 알면서도 부모가 되고서도 오로지 내 자식을 귀한 것 만 보고 자식들의 비위를 맞춰가며 원하는 것을 다 들어주는 내리사랑에만 정성은 다하면서도 정녕 나를 사랑으로 베풀어 주신 부모에 대한 치사랑(오리사랑)은 어머님 생신일과 명절 때 생색내기 용돈과 외식으로 도리를 했다고 믿었던 나

왜 자식들은 치사랑(오리사랑)을 잊고 사는 걸까?

부모은중경에서도 어머니가 아이를 낳을 때는 3말 8되의 응혈을 흘리고 8섬 4말의 혈유를 먹인다고 하였다. 그렇기 때문에 이와

같은 부모의 은덕을 생각하면 자식은 아버지를 왼쪽 어깨에 업고 어머니를 오른쪽 어깨에 업고서 수미산(須彌山)을 백천번 돌더라도 그 은혜를 다 갚을 수 없다고 했다.

또한, 부모님들은 자식위해 열가지 정성어린 내리사랑으로 어머니 품에 품고 지켜 주는 은혜, 해산날에 즈음하여 고통을 이기시는 어머니 은혜, 자식을 낳고 근심을 잊는 은혜, 쓴 것을 삼키고 단 것을 뱉아 먹이는 은혜, 진 자리 마른 자리 가려 누이는 은혜, 젖을 먹여서 기르는 은혜, 손발이 닳도록 깨끗이 씻어주시는 은혜, 먼 길을 떠나갔을 때 걱정하시는 은혜, 자식을 위하여 나쁜 일까지 짓는 은혜, 끝까지 불쌍히 여기고 사랑해 주는 은혜들 덕분에 오늘날 우리가 있다는 사실을 까마득하게 잊고 살아가면서 자식이 성장하고 나면 자기 혼자 큰 것같이 부모에게 온갖 불평불만과 잘못된 건을 부모 탓을 하며 부모를 향한 치사랑을 제대로 된 효도 한번 못해드린 내가

2020년 2월 3일자로 제주동부경찰서 오라지구대로 발령을 받고 근무하던 같은해 4월 5일 출근하려고 어머니가 계신 방으로 찾아가 출근 인사를 드리려 하는데 심하게 배를 움켜잡고 통증을 호소하는 어머니가 병원에 가서 진통제 한 대 맞고 오고 싶다고 말을 하는데 나는 그만 오늘 출근이라 내일 가면 안되느냐고 하자 어머니는 아들 출근길 방해가 될세라 아픔츨 참아내며 기여하고 알았다는 대답을 하셨다.

아들이 그런 태도가 얼마나 원망스러웠을까?
어머니에 마음을 그 땐 왜 몰랐던 걸까?

나는 어머니 방에서 나와 출근하려고 대문을 열고 나가려다.

방금 맞이했던 어머니를 떠올리는 순간 어머니의 마음을 읽을 수 가 있었다.

말은 안 하지만 자식새끼 정성껏 키워봤자 소용없다는 표현의 얼굴을 보았다. 나는 얼른 출근을 포기하고 어머니가 원하는 병원으로 차를 달렸다.

도착한 병원은 서귀포의료원 응급실이다.

병원 응급실에서 어머니에 통증의 원인을 확인하기 위해 엑스레이, 시티 등 검사가 진행된 지 한참 후 담당의사가 어머니 곁을 지키는 나를 어머니가 대화내용을 알아듣지 못하게 나를 불러 세웠다.

의사가 내게 하는 말이 "어머니 살아서 이 병원에서 퇴원 못할 것 같습니다". 며칠 못 넘길 것 같으니 가족들에게 알려 마음의 준비를 하는 게 좋겠다는 충격적인 말을 들었다.

아! 어떡해 우리 어머니!

어머니가 알까봐 마음속으로 쏟아지는 눈물을 삼키며 가슴이 메어져왔다. 잠시 후 어머니와 다시 마주한 나는 어머니가 "의사가 나 몰래 뭐랜 햄시니" 하는데 나는 어머니 말에 대답할 수 없었다.

아! 어머니 검사결과를 알려주어수다

게민 무사 나 모르게 말 고람시니 어디 안 좋텐

어머니에게 사실대로 말을 해야할지?

아니면 아무일 없이 진료를 받으면 퇴원할 수 있다고 거짓말을 해야 할지?

연락을 받은 가족들이 병원으로 다 모였다.

수술도 안된다고 하고 가족회의에서도 어머니를 위해 해줄수 있는 것 지금 당장 어머니에게 해드릴수 있는 건 통증이 없게 진통제와 마약성분 진통억제 페드를 가슴에 붙여 드리고 운명할 때까지 지켜보는 방법외에 다른 조치를 할수 없다는 결론이다.

자식이 되고서 한평생 자식위해 헌신하신 어머니를 위해 해줄수 있는 게 아무것도 없고 그져 통증만 없게 진통제 투여와 통증억제 패드를 붙여드리는 것. 다 돈으로만 해결할 수 있는 것 밖에 없다는 사실이다.

순간 자식으로 여태까지 어머니에게 제대로 된 효도 한번 못해보고 불효만 저지른 내가 원망스럽고 어머니께 죄송한 마음 뿐이다.

마지막으로 어머니와 함께 할 시간을 갖기로 하고 직장에 휴가처리 후 병원 1인실에서 나와 누님이 운명 시까지 어머니 곁을 지켜드리기로 했다.

그런데 병원 입원진료 20일만에 망극하게도 한평생 내리사랑으로 아들 곁을 지켜 주시던 우리 어머니가 우리곁을 떠나셨다. 발인일 아침 어머니를 운구중에 운구차량에서 들려오는 어머니의 마음 반주 소리는 여지껏 제대로 한번 효도를 못한 불효자에 민낯이 나의 가슴을 메이게 했다.

이제 보고 싶어도 볼 수 없고 불러도 대답 없는 나의 어머니!

오늘도 추모공원에 계신 어머니를 찾았다.

사진 속에 우리 어머니는 지금도 아들이 왔다고 웃으면서 반갑게 맞아주시고 계셨다. 어머니 한평생 아들에게 베풀어주신 은혜에 감사합니다. 영원히 잊지않겠습니다. 이 자식 두손모아 어머니의 왕생극락을 서원하며 어머니를 그리며 목 놓아 어머니의 마음 노래를 불러봅니다.

어머니의 마음

낳실제 괴로움 다 잊으시고
기를제 밤낮으로 애쓰는 마음
진자리 마른 자리 갈아뉘시며
손발이 다닳도록 고생하시네

하늘아래 그무엇이 넓다 하리요
어머님에 희생은 가이 없어라

어려선 안고업고 얼러주시고
자라선 문 기대어 기다리는맘
앓을사 그릇될사 자식 생각에
고우시던 이마위에 주름이 가득

땅위에 그 무엇이 높다하리요
어머님의 정성은 지극하여라

우리 국민성

2022년 7월 30일 오후에 있었던 일이다.

전주 금선암 주지 덕산스님에 인연으로 정읍 동행찻집 김원경 사장을 알게됐다.

올 6월 초순경 덕산스님으로부터 한통에 전화를 받았다. 저번 소개한 정읍 동행찻집을 운영하는 보살이 제주 한림읍 협재리에 허름하고 낡은 조그만 집을 구입하였는데 집이 너무 낡아 가게를 내려고 하는데 리모델링을 해야 될 것 같다고 한다며 제게 아는 건축업자가 있으면 소개해달라는 부탁 전화였다.

스님의 전화를 받고 내 주변에 건축업자들을 떠올리다가 제주도 내에서 관급 공사를 맡아하는 친분이 있는 정병권 사장을 소개해 주었다. 정병권 사장과 정읍 동행찻집 사장님이 만나 계약을 마치고 지난 6월부터 약 2개월간 건물 리모델링 공사가 한창이다.

며칠 전 정사장으로부터 10일 후면 공사가 마무리될 것 같다는 전화를 받았다.

나는 괜히 건축업자를 소개해 주고 공사에 하자가 있으면 서로가 불편하지는 않을까 하는 생각에 집사람과 현장을 가보기로 하고 정사장에게 연락하여 현장에서 만나기로 약속을 하고 한림읍 협재리로 차를 몰았다.

도로에는 5호 태풍 "송다" 북상으로 어제부터 제주도 내에는 폭우가 쏟아졌고, 안개가 뿌옇게 전방이 흐릿했다. 또한 많은 비가 쏟아지고 있어 도로 곳곳에 물도랑이 생겨 차가 지나칠 때 마다 차 양옆으로 고인물이 튀었다. 그러나 아무 때나 가볼 수 없는 상황이라 비번일인 오늘 현장을 가보기로 하고 내가 먼저 공사현장에 도착했다.

현장에서 건축업자 소개를 부탁했던 덕산스님과 영상통화를 하면서 현장 진행상황을 알려드리면서 앞 뒷집 두채 리모델링 현장 주변을 둘러보며 설명하고 있는데 건축업자 정병권 사장이 현장에 도착했다.

한참 영상통화 중이라 스님께 건축업자 정사장을 소개하고 서로 인사를 나누며 덕산스님이 정사장에게 정성껏 공사를 잘 부탁드린다며 고맙다는 인사를 전했다.

이어 정사장이 리모델링 중인 현장을 아주 상세히 설명을 해주었다. 내가 둘러봐도 하자 부분은 발견할 수 없을 정도로 정성드린 흔적들을 알아볼 수 있었다.

내가 걱정했던 것 일들은 현장을 확인하고 나서야 안심이 되는 순간이다.

현장 확인과 정사장에게 감사하다는 인사를 하고 다시 집으로 향해 차를 몰았다.

내가 운전하는 차가 금악리을 거쳐 동광육거리 회전로타리 부근에 이르렀을 때다 무슨 일이 있는지 내차 앞에 차들이 수백미터 이상 긴 줄을 이루고 있었다.

무슨 일이 있나? 교통사고라도 났나? 궁금할 때 쯤 동광육거리 전방향 제주시와 서귀포시, 안덕면과 대정읍, 중문동, 금악리에서 회전로타리를 경유하려는 차들로 양방향으로 길게 줄지어 오도가도 못하는 상황이었다. 내가 운전하는 차량도 오가가도 못하고 약 30여분 정차했을까 차들이 계속 정체되고 있었다.

무슨 사고라도 났나 싶어 궁금하던 차에 내차가 회전로터리상 다다랐다. 그런데 교통사고가 아닌 서로 먼저 앞서가려고 차량 앞부분을 다른 차 앞을 처박고 끼어들다 보니 차량들이 엉켜있는 것이었다.

서로 양보하며 손짓으로 순번을 정해 순차적으로 진입하면 될 것 같은데 아쉽다. 상대를 배려하려는 모습은 어느 누구에게서도 찾아볼수 없었다. 그것도 서로 먼저 가겠다고 빵빵대며 경적을 울려며 양보하지 않는다. 자신은 양보 안 하면서 양보 안하는 운전자들에게 창문을 열고 심한 욕까지 오가는 상황에 운전자들…

한순간에 경적소리와 욕하는 소리가 더운날씨에 스트레스다. 가뜩이나 아직도 코로나19가 소멸되지 않은 힘든 상황에서 배려심보다 자기 자신 위주로 생활하는 사람들이 여기 다 모인 것 같았다.

바깥이라 해서 자신은 젊고 건강하다고 마스크를 쓰지 않고 욕을 하고 있는 사람들……

자기자신만 생각하며 코로나 감염병이 이 땅에서 사라지게 하기 위해 우리모두 마음을 모아야 할 시기에 한순간 우리 국민성이 느껴진다.

어쩌다가 이런 일이 조그만 양보하면서 우선 상대차를 보내주고 나중에 가겠다는 마음으로 배려한다면 모두가 웃으면서 편하게 운전할 수 있고 스트레스를 받지 않아도 되는 것을 요즘 차 운전하기가 이렇게 힘들어서야……

한참 줄 서 기다리다 회전로타리를 겨우 돌아 중문동쪽으로 빠져 달리는 차량내에서 오늘 하루 내가 느낀 우리 국민성은 아니다

위기에 잘 대응하는 우리 국민성으로 차량운전에서부터 서로 양보하는 미덕을 갖춘 배려심으로 우리를 힘들게 하는 코로나19 감염병도 서로를 위한 기도하는 마음으로 철저히 방역수칙을 지켜서 반드시 이 위기를 극복하도록 힘을 모아야 할 이때

오늘 느낀 우리 국민성들이 제5호 태풍 "송다" 강풍에 멀리 날려 보내고 싶다.

파출소 회전로타리

중문파출소 진입로는 회전로타리다.

우리가 보통 회전로타리 하면 신호등 없이 원형으로 교통흐름에 따라 천천히 서행하며 원형 로타리를 돌아 자신이 가고자 하는 출구방향으로 빠져나가 진입하는 것으로 알고 있다.

그런데 중문파출소 진입로 회전로타리는 다르다.

원형 회전로타리도 아니고 회전로타리로 지정된 것도 아니다. 그저 진입로가 좌측과 우측 두군데가 있는 것 뿐이다.

2021년 8월 3일 중문파출소장으로 부임하고 며칠 후에 있었던 일이다.

손에 커피 한잔을 들고 파출소앞에 비치된 의자에 앉아 오랜만에 바람도 쐬며 커피를 마시고 있었는데 갑자기 파출소 좌측 진입로로 승용차 한 대가 들어온다.

아침일찍 파출소 방문객이 있구나 하고 일어서려는데 들어오던 차량이 우측 출구로 돌아 나간다. 아! 왜 차가 들어오다 그냥 나가지? 고개를 갸우뚱 파출소로 들어오는 차는 당연히 파출소에 용무가 있어 찾아오는 민원인으로 대부분 인식하기 쉽다. 나도 그랬으니까. 그런데 중문파출소는 다른 파출소와 다른 일상이 매일

같이 반복하여 나타난다.

파출소 집입로가 좌 · 우측 두 군데 진입로가 있어 운전자들이 쉽게 차를 돌려나가면서부터 회전로타리가 아닌 회전로타리로 이용되고 있는 것이었다.

부임 첫날 좌측 진입로로 차 한대 들어온다.

나는 당연히 파출소 방문 민원인 있구나 하고 생각하고 있는데 들어온 차가 주차장 입구를 돌아 우측 진입로로 다시 나간다. 잠시 후 우측 진입로로 차량 한대가 들어오더니 주차장입구를 돌아 이번에는 좌측 진입로로 차가 빠져나가기를 반복한다.

잠시 혼돈이 되었다. 파출소로 들어오는 차는 대부분 파출소를 찾는 민원인들이 운전하고 방문하는 것이 당연하다는 생각이 잘못된 거라는 것을……

언제부터 어쩌다가 파출소 입구가 회전로타리로 변한걸까?

곰곰히 서서 그 광경을 살펴보았다.

좌측 진입로를 이용하는 차들은 중문관광단지가 있는 서쪽에서 돌아 들어와 회전하고 우측 진입로에서 다시 서쪽 중문관광단지쪽으로 가는 차였고, 우측 진입로를 이용 돌고 들어오는 차들은 좌측 진입로를 이용 동쪽 중문우체국 방향으로 진행하는 차들이다.

차들이 운행 방향을 바꿔 오던 길을 되돌아가려면 교차로가 없어 교통량이 많은 중문우체국앞 사가로에서 차를 돌려나와야 하는 불편함이 있다보니 파출소 두군데 진입로를 회전로타리로 이용되고 있었다.

마치 벽시계 추가 양방향으로 부루스 춤을 추는 것처럼 좌측 진입로로 진입 회전하고 우측진입로로 나가고, 우측 진입로로 진입한 차량은 좌측 진입로로 나가며 누가 먼저라고 할 것 없이 순서대로 나가는 풍경은 서로 약속이라도 한 듯 운전자들이 매일같이 회전하고 돌아간다.

작지만 소박하고 진입 순서대로 돌고 돌아가는 이 곳 파출소 회전로타리는 아름다운 제주와 함께 행복을 가득 싣고 돌고 돌아가는 곳이다.

오늘도 양방향으로 부루스 춤을 추듯 돌아가는 중문파출소 회전로타리는 쉬지않고 돌아간다.

학교폭력 피해학생 엄마이야기

한 여중생이 반 친구들로부터 집단 왕따와 학교폭력에 견디다 힘든 나머지 4층 건물 옥상에서 투신 자살시도하려는 현장에서 끊진길 설득으로 소중한 생명을 살렸던 상담 속 이야기를 10년이 지난 후 피해 학생 엄마가 나의 상담실을 찾아 성인이 된 딸을 지켜 준 사연을 소개하고자 한다.

나는 학교폭력 피해학생 김보경(가명) 엄마입니다.

우리 아이가 서귀포에 있는 모 중학교 2학년에 다닐 때에 일입니다.

보경이 아빠가 살아계실 때는 보경이와 우리 부부 등 너무나 행복한 가정을 이루고 잘 지내왔습니다. 그러다 남편이 사업실패로 극단적인 선택으로 가정은 파탄이 났고, 나도 남편이 사망하자 돈벌이를 찾아 서귀포시내 한 밤업소에서 일을 하게 되었습니다. 그러던 중에 업소 손님으로 만난 남자와 알게되면서 살림을 차리게 되었습니다. 동거남과 같이 살기를 싫어하는 보경이를 위해 별도로 집을 빌어주고 따로 살면서부터 보경이에게 시련으로 다가왔습니다.

같은 반 친구들이 보경이에게 "너네 엄마 밤업소 다닌다며, 너네 아빠 죽은 지 얼마 안 됐다고 벌써부터 너를 버리고 다른 남자랑 바람났지"하며 놀림거리가 시작이 되었고, 반 친구들에게 저항하면서 학교폭력 피해는 폭행으로 이어졌다. 그때마다 보경이는 면도칼로 손목을 그어 자해도 여러차례 했답니다. 여기서 끝이 아니라 보경이를 괴롭혔던 그 아이들을 볼 때 마다 보경이에겐 악몽에 시간이었습니다. 보경이는 결국 아빠를 따라 극단적인 선택 결심도 여러차례 했던 걸로 알고 있습니다.

학교에선 엇나가는 보경이를 문제 아이 취급을 하였고, 보경이가 같은 반 친구들로부터 학교폭력 피해사실이 학생들을 통해 알려졌지만 보경이가 원인 제공해서 발생한 것으로 단정하는 태도를 보였지요

그러던 어느 날 오후 학교 학생부장 선생님으로부터 제게 학교로 와달라는 전화를 받고 학교에 나갔습니다. 학교에서는 학교폭력대책위원회를 개최하였고 가해학생 2명에 대하여 출석정지 및 피해학생 접근금지 처분이 내려졌다. 그리고 학생부장 선생님이 대책회의에서 서귀포룸비니청소년상담소 김문석 상담사를 소개해 주어 보경이에 대한 상담을 부탁했습니다.

그러던 어느날 내가 다니는 밤업소에서 한참 일을 하고 있을 때 업소내 틀어놓은 음악소리가 서귀포룸비니청소년상담소 상담사가 걸려온 전화를 받지 못하고 한참 후에야 전화기속 부재중 전화를 늦게 확인하고 보경이에게 무슨 일이 생겼나 하고 겁지레 전화를 걸었다.

그땐 이미 보경이가 서귀포 일호광장 서측 건물 4층 옥상에 올라가 뛰어내려 자살을 하겠다며 옥상에 올라간 상태였다. 김문석 상담사가 마침 보경이가 엄마가 전화도 안받고 보낸 문자도 읽지않는다며 상담사에게까지 문자를 보내기 때문에 문자를 확인한 상담사가 보경이가 있는 옥상으로 올라와 보경이를 설득 중이라고 했다.

선생님 어떻해요
우리 보경이 살려주세요
우리 보경이 죽어버리면 나도 못 살 것 같아요
간곡하게 상담사에게 부탁하고 나도 택시를 타고 얼른 현장으로 달려갔다.

현장으로 가는 택시타고 가는 순간 순간 보경이가 학교폭력 피해를 견디다 얼마나 힘이들었으면……

엄마가 미안해!
엄마가 미안해!
엄마가 잘못했어! 하면서 용서를 빌면서 도착전 보경이가 보낸 문자를 확인했다.
"엄마 미안해 나 더 이상 견디기 힘들고 내겐 아무도 없는 것 같다. 엄마도 아빠가 죽자 바로 남자친구를 만나 집에도 들어오지 않고 살아봤자 뭐해! 나를 놀린 아이들 말도 다 맞는 거 아냐라며 내가 죽더라도 힘들어 하지 마! 엄마 남자친구랑 행복하게 살아 그래도 김문석 경찰관에게 얘기해서 나를 괴롭혔던 정ㅇㅇ와 강ㅇㅇ를 처벌해달라고 부탁해줘 그래야 내가 죽더라도 편할 것 같아" 이것만 약속지켜주면 돼 알았지, 나 지금 서귀포 일호광장 서쪽

옆 4층 건물 옥상이야 여기서 떨어져 죽어버릴거야 라는 문자였다.

혹시라도 하는 생각을 하면서 떨리는 발걸음으로 현장에 도착해 보니 다행히 보경이는 옥상 난간에서 내려와 상담선생님에 품 안에 안겨 엉엉 울고 있었다.

상담사에 끊진길 설득과 보경이가 원하는 모든 것을 들어 상담사가 들어주고 조치해 주는 조건으로 아슬아슬하게 옥상 난간에 올라간 보경이를 살렸다고 했다.

아이구 하나님! 감사합니다. 아이구 부처님! 감사합니다. 상담선생님 우리 보경이 살려주셔서 정말 감사합니다.

힘든 경험을 한 학생들은 학교로 돌아가고 싶어하며 남들과 같이 편한 일상생활을 꿈꾼다. 그러나 상처 받은 마음을 회복하기란 쉽지않다. 학교생활에서도 친구들과의 불신과 친구로 인한 힘든 경험은 아무리 노력해도 자신감을 회복하기까진 어려움이 많다.

특히 가족관계에서 부모이혼과 부모 사별로 언제까지든 자신을 든든하게 지켜줄 거라고 믿던 가족의 울타리가 무너지면 믿음까지도 무너진다. 그 힘든 과정 회복이 중요하고 가족과 부모라는 존재가 바로 서야 가정을 지키고 가족 모두를 지킬 수 있다.

학교폭력피해가 발생하면 상담현장에서 조차도 자녀의 회복과 사안 해결, 가정의 안전에만 신경을 쓰느라 부모들은 정작 본인들이 지닌 큰 멍울은 살펴보지 못하고 가슴 한편에 쌓아두게 된다.

그 누구보다 힘이 들었을 아이들에게 잔잔한 웃음을 지어 보이며 항상 부모는 항상 함께 하고 있다는 사실을 인식시켜주며 자기 스스로 문제점을 해결할 수 있는 능력을 키워주는 것이 좋겠다.

학교폭력 피해는 한 가정을 흔들었다.

당시 보경이가 학교폭력을 피해로 웃음이 사라지고 병원 치료를 수시로 받으면서 불안과 스트레스 공황장애 약물을 복용했다. 상담선생님과도 오랜 시간 상담을 하면서 점차적으로 자신감 회복이 되면서 우리 보경이도 학업을 포기했다가 고등학교도 진학하고, 대학까지도 나와 이젠 반듯한 직장인으로 지금은 든든하게 엄마를 지켜주고 있다.

처음 보경이가 아빠에 죽음 앞에 방황하고 학교폭력 피해를 당했을 땐 엄마로서 할 수 있는 것은 아무것도 할 수가 없었다.

그래도 진정으로 우리 사회에서 남들이 알아주지 않아도 묵묵히 청소년들을 위해 상담과 선도를 해주는 사람들이 있었기에 다시 생각조차 하기 싫은 수렁에 빠진 소중한 보경이를 다시 찾을 수 있었고, 우리 가정에 지금은 웃음꽃을 피울 수 있어서 지금은 행복하기만 합니다.

힘들고 어려웠던 그 시절, 험한 우리 사회에 다리가 되어주었던 서귀포룸비니청소년상담소 김문석 상담사에게 고마운 마음을 전하면서 나의 이야기를 맺으려 합니다.

서귀포룸비니청소년상담소 파이팅! 고마움 깊이 간직하고 살아가겠습니다.

잔액이 부족합니다

출근길 버스에 오른 한 여성 승객이 버스요금 지불 단말기에 머니카드를 갖다대자" 잔액이 부족합니다"하는 음성이 들려온다.

그 여성 승객은 손에 들고 있던 손 가방에서 지폐를 찾느라 분주하다.

버스는 운행시간이 늦지않게 버스는 달리고 버스단말기옆에 서서 비틀거리면서 가방속 손지갑을 찾느라 한참을 애를 먹다가 버스기사에게 말을 건넨다.

아침 출근길 집에서 아이들이 용돈을 달라고 보채어 용돈을 주면서 신발을 신으면서 손지갑을 신발장 위에 놓고 황급히 버스시간을 맞춰 나오면서 지갑을 두고 왔다며 버스기사에게 사정을 한다.

그 여성에 말을 들은 버스기사는 그럼 나 보고 어떻게 하라는 건가요. 버스비를 받지 말라는 건가요 라고 대답하는 기사에 말에 어쩔줄 몰라하며 한숨을 내쉬며 안절부절 얼굴이 빨개진다.

그 광경을 버스 내 다른 승객들이 보고도 아무런 반응없이 이어폰을 귀에 꼽고 유튜브 보는 사람, 노래 듣는 사람들 뿐, 당황해하는 여성 승객에겐 관심조차 없고 도와주려는 사람도 없었다.

아뿔사! 이건 무슨 광경인가?

나는 그 상황을 지켜보는 순간 여러가지 생각들이 머릿속을 교차했다.

우선은 버스기사 옆에 손잡이 잡고 버스기사에게 사정하며 난감해하는 여성 승객을 내가 갖고 있는 핸드폰 지갑에서 천원권 3장을 꺼내 버스 요금통에 집어넣었다.

기사님 이 돈 이 여성 승객님 버스비입니다.

그만 나무라시고 운전하는 데나 신경쓰세요 하며 말을 건네고 내가 앉았던 자리로 돌아와 앉았다. 그런데 그 여성 승객이 나를 따라와 내옆 빈자리에 앉고는 고맙다며 연거푸 고개를 숙이며 인사를 한다.

아! 아닙니다. 저도 가끔 그런 실수를 하는 걸요 미안해 하지 마세요

한참을 제주시를 향해 달리는 버스 의자에 가만히 기대여 잠시 전 그 여성 승객이 겪였던 일을 떠 올려 보았다.

오늘 여성 승객에 마음은 얼마나 속상했을까?

아이들에게 용돈을 주면서 지갑을 놓고 온 실수가 하루 일과를 엉망으로 만들 수 있고 집에 가서 아이들을 원망하지는 않을까?

또 반갑게 웃으면서 만나야 할 사람들에게 웃음을 잃지는 않을까? 걱정이 앞섰다.

우리는 눈에 보이지는 않지만, 우리 각자가 가지고 있는 복주머니는 누구에게나 있다고 본다.

그 복주머니에 자신이 직접 차곡차곡 저축한 복이 모자라면 버스에서 생겼던 일처럼
"복이 모자랍니다"하고 들려오는 소리는 우리에겐 어떤 소리로 들릴까?

몸이 아프거나, 하는 일이 꼬이거나, 괜한 원성을 듣거나, 시비에 휘말려 일상생활에서 일어나는 일과 부딪치는 그러한 경우가 아닐까! 하는 생각을 해본다.

머니 카드처럼 잔액충전이 아닌 내 인생에 복을 충만하다면 하는 일마다 승승장구는 물론이거니와 나와의 만나는 사람들마다 나를 좋게 보고 입으로 하는 말마다 칭찬과 격려의 말로 되돌아와 들려오지는 않을까!

일상에서 내 인생에 "잔액이 부족합니다"하는 소리가 마음속에서 들린다면 자신의 허물을 돌아보고 남을 위해 복짓기로 내가 지닌 복 주머니에 복이 가득하도록 충분한 충전을 해야되지 않을까!

오늘 버스 내에서 마주한 한 여성 승객과의 인연에서 "잔액이 부족합니다"는 내 인생에 복을 소진되지 않게 복 짓는 큰 깨달음을 배우는 한수가 되었던 하루였다.

첫 인상

제주권역재활병원 면접위원으로 있을 때 일이다.

병원직원 채용공고를 보고 많은 사람들이 병원 입사를 위해 입사 지원서와 자기 소개서를 제출하고 병원 서류심사를 거치고 최종 면접위원들에 면접이 이루어진다.

어느 날 병원 인사팀 직원이 직원채용 면접이 있다며 면접관으로 참석해 달라는 전화를 받고 병원으로 갔다. 면접관 책상 위에는 입사 지원자들이 제출한 입사 지원서와 자기소개서, 경력 등이 빼곡히 적혀있는 서류들이 놓여져 있었다.

면접 전 인사 담당직원이 면접장에 들어와 기능별 채용인원과 채용기준을 알려주고 나가면 면접이 시작된다. 우린 살아가면서 많은 사람들과 인연을 맺고 살아간다.

처음 보는 사람을 처음 마주할 때 그 사람에 외모나 옷차림에서 풍기는 느낌으로 상대를 평가하는 것 같다.

면접에서도 면접관에 질문에 답변하는 태도나 말투 등 대화내용에서 신뢰감을 알아볼 수 있는 첫인상이 합격과 불합격이 좌우되는 경향이 많다. 첫인상이란 어떤 사람이나 사물을 처음 봤을 때

느끼는 총체적으로 요약된 평가를 말하지만 첫인상은 쉽게 바뀌지 않는 큰 효과를 나타내기 때문에 매우 중요하다. 특히 사람과 사람간의 커뮤니케이션에서 첫인상은 상대방을 평가하는 중요한 요소이기도 하다.

심리학에서 첫인상에 대해 말할 때 빠지지 않는 용어가 바로 '초두효과'다. 초두효과란 어떤 사람의 초기의 정보가 나중의 정보보다 그 사람에 대한 인상형성에 더 큰 비중을 차지한다는 말이다.

예를 들어 첫인상에서 좋게 평가 된 사람과 좋지않게 평가된 사람이 있다면, 추후에 좋게 평가받은 사람과 좋지않게 평가받은 사람이 똑같은 문제가 생겼을 경우 좋게 평가받은 사람에 대해서는 불가피한 사정이 있었을 것이라 생각하지만 좋지 않게 평가받은 사람에 대해서는 역시 그러한 사람이라는 부정적인 평가를 받게 된다는 사실이다.

어떠한 기억을 습득할 때 앞부분의 제시된 항목이 나중이나 중간에 제시된 것보다 기억흔적이 강하기 때문에 일어나는 효과인 것이다.

이러한 첫인상이 평가되는 시간은 불과 '5초'도 걸리지 않는다고 한다. 평가요소로는 외적인 부분이 80% 이상 차지하고, 나머지 20%는 목소리, 행동, 표정 등에서 평가된다고 한다.

이러한 상황에서 더욱 사람들은 외적인 부분에 신경쓸 수 밖에 없는 이유일 거다. 실제로 입사 면접에 있어 면접관이나 평가자

75% 이상이 첫인상이 주는 평가 요소에 영향을 준다고 답했다.

그렇기 때문에 많은 사람들이 헤어스타일을 가꾸고, 옷차림과 피부, 얼굴 등에 신경을 쓰는 이유이다. 하지만 외적인 부분에서만 치우치게 되면 진정한 첫인상을 남길 수 없다.

상대방을 배려하고 설득력 있는 말투, 밝은 표정, 상대방을 이해하며 바라보는 눈, 위트와 유머도 중요한 첫인상이 주는 중요한 평가 요소이다. 외적인 부분에만 신경을 쓰고 이러한 부분을 놓쳐 부정적인 첫인상으로 평가되지 않도록 해야 한다.

약속시간을 지키고, 먼저 인사를 하고, 안부를 묻는 작은 배려가 외적인 아름다움보다 훨씬 더 오랫동안 상대방 가슴속에 기억된다는 것을 생각해야 한다.

마지막으로 상대방에게 좋지 못한 첫인상을 남겼다고 하더라도 좌절하지 않았으면 한다. 35시간을 투자하면 부정적으로 평가됐던 첫인상을 변화시킬 수 있다고 한다.

첫인상이 평가되는 시간 5초에 비해서 훨씬 긴 시간이지만 첫인상은 변화될 수 있다. 변화될 수 있는 만큼 상대에게 비춰지는 자신의 첫인상을 부드럽고 소통과 공감할 수 있는 인상으로 살아갈 수 있다면 얼마나 좋을까?

많은 사람들이 첫인상에 대해 생각하고 준비하여 상대방과의 처음 만남에 있어 좋은 평가를 받았으면 하는 나의 바램이다.

첫인상의 중요성과 효과성을 알았다면 누군가를 만나기 전에 미리 첫인상에 대한 계획을 세워야 한다. 첫인상은 준비하는 사람의 몫이고, 준비하는 만큼 효과가 나타나기 때문이다.

다행히 이번 입사 면접은 채용인원에 맞게 지원서가 제출되어 지원자 전원이 합격할 수 있었다. 첫인상도 중요하지만 우리 곁엔 실제로 보물같이 빛나고 알찬 사람들도 많다는 사실을 명심해야 하겠다.

공감

사람은 저마다의 마음에 길 하나씩은 선택하고 그 길을 가려고 노력하면 살 것이다. 어떤 일에 마음을 품고 사느냐에 따라 행복한 사람이 되기도 하지만 불행한 사람도 있게 마련이다.

우린 많은 사람들과 인연을 맺고 살아가면서 그 인연 속에도 자신이 행하는 행동과 말이 상대를 편하게 하지만 오히려 그렇지 못한 행동과 말로 인해 상대에게 깊은 상처를 주기도 한다.

세상을 불평하는 시선에서 바라보면 모든 것이 불평으로 가득하지만 감사하는 마음에 시선으로 바라보면 이 세상 모든 것들이 아름답게 보인다. 하는 일에 따라 오묘한 것은 있지만 모든 것이 내 마음에서 비롯된다는 것이다.

아름다운 생각에서 행하는 모습은 늘 너그럽고 상냥하다 무엇보다도 배려하는 마음은 모든 사람들에게 행복한 삶에 근원이 되어 큰 힘이 되어준다.

우리가 매일같이 하는 말 중에도 긍정의 말 한마디는 닫혀있는 상대의 마음을 열어주는 열쇠가 되지만 반대로 부정적인 말 한마디는 열렸던 상대의 마음에 문까지도 굳게 닫히게 하여 마음에 상처를 줄 뿐이다.

옛 선조들은 '말 한마디로 천 냥 빚을 갚는다'라고 했다. 또한 "가는 말이 고와야 오는 말이 곱다"라는 속담에서 볼 수 있듯이 그 만큼 사람의 말이 중요하다는 것을 알 수 있는 대목이다.

좋은 말에는 자율 신경계가 반응하고 그 반응에서 엔돌핀, 도파민, 세로토닌과 같은 긍정물질이 증가하여 사람들에게 행복한 마음과 창조적인 아이디어, 긍정적인 마인드가 만들어진다고 의학적인 근거로 제시되고 있다.

이와 반대로 부정적인 말은 노르아드레날린의 증가로 심박동이 증가하고 혈압이 상승하여 체내에 독성이 발생하고 노화가 촉진되어 자신을 망가지게 한다고 한다.

삶은 생각하고 행동하는 것처럼 지속적으로 이루어지는 관점의 변화를 통해 완성되어가지만 나만 옳다는 것이 아니라 상대의 입장 차이를 스스로 파괴함으로써 갈등을 해소하고 공존하며 풍요로운 마음의 길을 열어가려는 노력이 무엇보다 중요하다고 하겠다.

하지만 지금 이 순간부터, 우리는 부정적인 말보다 긍정적인 행동과 말로 마음을 변화시켜 자기 자신부터 행복할 수 있도록 노력해야 한다.

그리고 매번 상대에게 고마움을 받기만 한다면 고인 물이 썩듯이 쓸모없는 것으로 변하지만 주고 받을 땐 세상과의 소통은 항상 새로운 활력을 만들어낸다. 가진 것이 많을수록 줄 수 있는 풍요로움이 있는 만큼 나눔의 공식도 그 반대이다. 소중한 삶에 욕심만 채우기보다 나눔과 배려의 손길로 채워가며 살아가는 모습은 아름답다.

우리의 인생 삶이 깊어가는 이때, 내 욕심과 나만 쳐다볼 것이 아니라 주변의 어려운 이웃들을 살펴보고 정성으로 베풀며 맑은 눈으로 세상을 밝게 열어보는 습관과 함께함에 있어 감사하는 마음을 가져보는 시간을 때론 필요하다고 본다.

함께하며 소통과 공감할 수 있는 삶의 깊이를 인생의 깊이와 같이 가며 즐겁고 보람된 남은 인생을 설계해 보는 것은 어떨까?

추억의 급식빵

국민학교시절 급식빵을 배급받아 먹었던 추억이 새삼스레 생각이 난다.

내가 효돈국민학교를 다닐 때는 아이들이 어찌나 많은지 한 반에 남녀 합반으로 50명이 넘었다.

작은 마을이지만 그때만 해도 같은 학년 반도 3개 반으로 작은 교실에도 아이들이 부쩍부쩍 쉬는 시간을 알리는 학교 종 소리가 땡땡땡하고 울리면 좁은 교실 안에 있던 아이들은 너나할 것 없이 운동장으로 뛰쳐나와 모여들어 어느새 운동장엔 아이들로 가득 찻다.

여자 아이들은 삼삼오오 모여 짝을 지어 자전거 타이어 튜브를 오려낸 검은 고무줄을 양쪽으로 길게 늘어놓고 양쪽에는 두명이 고무줄을 잡고서고 가운데선 치마 입은 여자 아이들이 고무줄 넘나들며 고무줄 놀이를 즐긴다.

샘통이 난 남자아이들은 면도칼을 갖고 다니면서 고무줄 놀이를 하는 아이들에게 다가가 고무줄을 끊고 도망가버리면 여자아이들은 고무줄을 끊고 도망가는 남자애를 쫓아가 고물줄을 빼앗아와 끊어진 고무줄에 다시 묶고 다시 고무줄 놀이를 하곤했다.

쉬는 시간이 끝났다는 종소리가 들리면 아이들은 재빨리 교실로 들어가 정해진 책걸상 자리에 앉자 선생님이 칠판위에 빼곡하게 하얀 분필로 써 내려가는 글씨를 공책에 받아쓰기를 한다.

선생님이 칠판에 쓴 글씨를 공책에 옮겨쓸 때면 떠들던 아이들도 숨죽이고 공책에 글 쓰느라 조용해진다.

내가 처음 국민학교에 입학할 때는 등에 책가방을 메고, 왼쪽가슴에는 콧물을 닦는 손수건을 옷핀으로 고정하고 어머니손에 이끌려 국민학교를 입학했다.

입학하고 1학년부터 3학년까지는 1학년 때 정해진 같은 반 아이들과 같은 반이 되지만 4학년이 되면 또 다시 같은 반이 아닌 다른 아이들과 반이 정해지고 6학년 때까지 그대로 간다.

몇학년 때인가?

기억은 가물 가물하지만 아마도 4학년때로 기억한다.

당시는 어머니가 많이 아프셨고 가정형편이 넉넉하지 못한 터라 학교갈 때 점심 도시락을 싸고가는 일이 그리 많치 못했다.

같은 반 아이들은 밴도에 흰 쌀밥 위에 계란 후라이를 덮고 소시지랑 오뎅반찬을 반찬통에 싸와 점심시간 때 맛있게 먹었지만 나는 가정형편이 넉넉하지 않아 학교에서 배급해주는 아이 주먹크기에 급식빵(옥수수빵)을 받아 먹었다.

그 당시에는 먹을 것이 넉넉하지 못하여 급식빵을 배급받아 먹을 수 있었던 것만으로도 다행이었다.

배급받은 급식빵도 아까워 다먹지 않고 남기고 신문지 종이에 쌓고 가방에 넣고와 집에서 저녁 대용으로 먹었던 그 시절, 그것도 우리 집 형편이 좋지 않은 게 아이들에게 들키면 창피할까봐 들키지 않게 조심히 ㅎ……

나의 국민학교 다닐 적엔 어머니가 자주 아프셔서 남들이 다 하는 농사일도 잘못했다. 그런 반면 다른 아이들의 부모들은 고구나, 벼, 조 농사를 짓는 잘 사는 집 아이들이라 내가 어렵게 살고 있는 것은 놀림감이고 창피했던 시절로 아이들이 아는 것을 원치 않았다.

학교 다닐 때는 아이들의 집안이 얼마나 잘사느냐? 부모가 돈 많고 직장을 다니느냐에 따라 아이들에 대한 편견 또한 달랐던 시절, 선생님들부터도 아이들의 등급이 다르게 평가에 되었던 시절이었다.

그러던 어느날인가 내 옆 짝궁이었던 광익(가명)이가 급식빵을 배급받고 밖으로 나가는 나를 따라나와 빵 냄새가 너무 좋다. 맛있을 것 같다며 자기가 싸온 도시락과 내 급식빵을 바꿔 먹자고 했다.

그래도 되느냐고 하면서 광익이 제안을 받아들이고, 광익이는 급식빵을 너무나 맛있게 잘 먹었고, 나는 광익이가 싸온 도시락을 깨끗하게 비웠다.

내 짝궁 광익이는 내게 앞으로 종종 도시락과 빵을 바꿔 먹자고 했고, 나도 그렇게 하자고 하여 종종 도시락과 급식빵을 바꿔 먹었다. 그러면서 우리 둘이는 다른 아이들 보다 특별하게 서로를 알게 되었고 우애가 돈독해갔다.

그 시절 학교 배급 급식빵!

그 맛은 지금와서도 그렇게 맛있었던 급식빵을 찾을 수가 없을 정도이다. 이제와 국민학교 시절 급식빵 사연은 내게 있어 조금만 나누면 행복이 두배가 되고 상대에겐 큰 힘이 되어준다는 사실을 가르쳐주고 있었다.

먹을 거 제대로 못먹고 하고 싶은 거 형편이 어려워 못했던 시절…… 그냥 지나친 세월이 아닌 내게 교훈이 되고 나눔이 주는 행복을 배울 수 있는 참 고마움이 함께 자리잡고 있었다.

할아버지의 자장가

띵동~

손주 녀석이 도착했나보다.

절대로 장가를 들지 않겠다던 아들녀석이 어느날 뜬금없이 장가를 보내달라며 인사를 시키는 며늘아이를 한가족으로 맞이하였고, 얼마 지나지 않아 느닷없이 또 선물이라며 손주 소식을 알려주는데, 겹복을 갖다주는 아들이 대견스러움에 흐뭇해하던 요즘이다.

봐도 봐도 어여쁘고 소중한 손주 녀석이 오늘은 할아버지 할머니랑 하룻밤을 같이 지낸다며 오는 날이다. 나로서는 귀하디 귀한 손주인만큼 몹시나 기다려지는 시간이기도 하다.

손주가 태어나 처음 할머니 할아버지집에서 할아버지의 자장가를 들으며 모처럼 하룻밤을 지낼 수 있는 시간이다.

현관문을 열고 들어오는 손주의 얼굴을 보는 순간 해맑은 웃음으로 서로를 맞이 한다. 알아서 웃는 것인지 몰라도 웃는 것인지 "우리 다미 왔구나~" 하며 반겨 안으려 하자 손주는 햇살 같은 미소로 나에게 안겨든다.

이 소중함에 참 행복함에 온 세상을 얻은 듯 부자가 된 느낌이다.

손주 녀석은 할아버지 집에 있는 물건들이 신기한지 모든 것들을 만져보고 던져보고 여기저기 돌아다니며 한시도 가만히 있지를 않는다.

온 집안을 순식간에 널부러진 모양을 만들어 놓는 다미녀석. 그 모습 또한 이쁘기만 하다.

우선 대충 널려진 집안 정리하고 아들과 손주 그리고 다미 할머니랑 오랜만에 같이하는 시간을 보내기 위해 대문 밖을 나섰다.

어스름한 저녁시간이라 꽤나 선선해진 느낌이다.

우리는 보목동에 있는 숲섬지기 카페로 갔다.

카페에서 아이스크림과 커피를 주문을 하였고 바다가 바로 보이는 섶섬지기에서 손주 다미의 바쁘게 움직이는 발자국따라 부지런히 쫓아다니기도 하고 같이 박수치며 노래도 하며 손주와의 즐거운 시간을 함께 만들었다.

'이제 그만 집으로 가자~다미야' 할머니손가락을 잡고 뒤뚱뒤뚱 걸어가는 다미.

집에 도착하자마자 목욕을 시키고 나는 아기를 재우기 위해 아기를 안고 안방에 들어갔고, 아들은 오랜만에 어머니랑 치맥 한잔하자며 저들끼리 치킨이랑 맥주를 주문하는 모양이다.

손주녀석을 안고 자장가를 불러본다. 얼마만에 불러보는 자장가였던가. 아들. 딸이 어렸을 적에 내가 손수 불렀던 자장가를 지금은 다시 손주를 재운다며 자장가를 불러보는 중이다.

섬집아기, 클레멘타인 노래를 자장가로 불러주는데 할아버지 자장가 소리가 신기한지 할아버지 얼굴을 똥그란 눈으로 쳐다보면서 빙그레 웃어준다.

새로운 환경이라 그런가?
할아버지의 자장가가 낯설은가?
그렇게 애를 쓰며 자장가를 불러주는 데도 잠을 자지 않는다.

웃는 얼굴을 하는 손주가 너무 예쁘고 귀여워 볼에다 뽀뽀하자 손주녀석은 배시시 미소를 짓는다. 치맥을 한잔했는지 살그머니 안방으로 들어온 할머니는 배시시 웃는 다미를 보며 졸린 애를 재울 생각은 안하고 오히려 잠자는 걸 방해한다고 내게 타박한다.

자~그럼 조용조용 손주를 재울 모드로 각자 위치로 가서 잠을 자는 시늉을 한다. 이어서 할아버지의 자장가가 시작된다.

〈섬집아기〉
엄마가 섬 그늘에 굴 따러 가면
아기가 혼자 남아 집을 보다가
바다가 불러주는 자장 노래에
팔 베고 스르르르 잠이 듭니다

아기는 잠을 곤히 자고 있지만
갈매기 울음 소리 맘이 설레어
다 못 찬 굴바구니 머리에 이고
엄마는 모랫길을 달려 옵니다

〈클레멘타인〉
깊고 깊은 산골짝에 오막살이 집 한 채
금을 캐는 아버지와 예쁜 딸이 살았네
내 사랑아 내 사랑아 나의 사랑 클레멘타인
늙은 아비 혼자 두고 영영 어디 갔느냐~

할아버지의 자장가소리에 어느새 소리없이 쌔근쌔근 잠이든 손주녀석. 이 세상에서 가장 아름다운 것은 잠자는 새끼의 모습을 보는 부모의 눈이겠지?

잠자는 다미의 모습이 너무도 소중하고 어여쁘다.

손주 다미의 배를 토닥이며 자장가를 부르면서 잠재우다보니 어릴 적 우리 어머니의 애기구덕에 나를 잠재우면서 불러주었던 자장가가 생각난다.

밭일 갈 때도 애기구덕에 나를 눕혀 등에 짊어지고 데리고 갔고 일을 하시다가 내가 깨면 자장가를 불러주면서 구덕을 흔들흔들 나를 재워주시던 생각이 난다.

어머니가 나를 재우며 불렀던 자장가. 나도 따라 한번 불러본다. 손주를 재우기 위하여~ 어머니께서 내게 불러주셨던 자장가

자랑 자랑 웡이 자랑
저레 가는 검동 개야
이레 오는 검동 개야
우리 애기 재와 도라
느네 애기 재와 주마
아니 아니 재와 주민
질긴 질긴 총배로
손모가리 발모가리
걸려 매곡 걸려 매영
짚은 짚은 천지소에
벹난 날은 드리치곡
비온 날은 내치키여

우리가 어릴 적에 애기를 대나무로 만든 애기구덕에 눕혀 놓고 어머니들이 부르시던 대표적인 자장가다.

자장가 노래에서 검둥개에게 아기를 재워달라며 부탁한다. 재워주지 않으면 손발을 묶어서 깊은 천지 연못에 빠뜨리겠다고 협박하듯이 애기구덕에 눕혀 재워주시던 그때가 사뭇 그립다.

지금은 우리 곁을 떠나 안 계시지만 자식을 위해 한평생 헌신과 희생으로 보살펴 주신 어머니의 사랑을 이젠 나의 손주를 위해 어머니가 주신 사랑만큼 내 손주를 위해 주고 싶다.

우리 손주 다미는 내 어머니가 그랬듯이 사랑으로 불러주는 할아버지의 자장가 소리를 들으며 새근새근 잘도 잔다.

말의 중요성

우리가 일상생활에서 하는 말들은 많은 사람들의 마음을 움직이게 한다. 말은 인간 존재의 진수의 일부분이고 우리 삶에 결정적인 영향까지 미친다. 그래서 말이 행동만큼 중요한 것이라고 말을 한다. 늘상 했던 방식으로 가볍게 던지는 말 한마디가 상대방에게 기분을 거슬리게 하는 경우가 있는가 하면, 그 말이 행복과 인간관계 그리고 자신의 풍요로움에 영향을 미칠 수가 있다.

자신에게 관련이 없는 말 만이 영향을 끼치지 않는다. 반대로 자신 또는 자신과 동일시 하는 것에 직접적으로 관련이 있는 말에는 깊이 베이기도 한다. 그리고 그 말로 인한 받은 상처는 사라질 줄을 모른다. 느낌, 감정 심지어는 의식적인 마음마저 물들여버린다. 요즘 소통이 어려운 일상에선 더더욱 '말'이 구체적인 행동만큼 혹은 그보다 더 중요할 수 있다.

그 중 부정적인 말은 폭력적이거나 공격적인 메시지를 전하고 어떤 방법으로든 상대방에게 피해를 줄 수 있다. 이런 말은 긍정적인 말보다 더 강하고 지속적인 영향을 준다.

부정적인 영향력이 크면 클수록 잠시 잠깐 동안 부정적인 글을 읽노라면 불안 수준이 커질 수가 있다. "죽음" "질병" "슬픔" "고통" "비참함" 등의 말은 심오한 영향을 끼칠 수가 있다는 연구결과에도 있듯이 말에는 사랑과 진실, 정의가 담겨있어야 한다.

어떤 전문가들에 따르면, 부정적인 말의 효과를 상쇄하려면 다섯 마디의 긍정적인 말을 들어야 한다고 한다. 이 말은 한마디의 사과로는 충분하지 않다는 뜻이다.

우리는 일상생활을 말로써 살고, 말로써 생활하고, 말로써 죽는다고 한다. 생각은 말이 되고 말은 행동이 되며 행동은 습관이 되고 습관은 인격을 형성하며 인격은 운명을 결정한다.

평소 말하는 습관이나 행동은 그 사람의 인격과 인품을 겉으로 나타낸다. 누구를 만나도 희망과 긍정의 말투로 말하는 사람도 많지만 첫마디부터 부정의 말투를 가진 사람들도 있다.

사람은 평균적으로 하루에 약 7만 단어를 말을 한다고 한다. 너무 자연스러운 행위이기에 이렇게 많은 단어를 말한다는 것조차도 자기자신이 인식하지 못한다. 그러나 말은 우리 존재의 진수이고 자신과 남들과 연관 짓는 초석이 된다.

말을 적절히 한다는 것은 자신의 삶을 개선하거나 악화시키는 커다란 잠재력을 갖게 되고, 말을 조심스럽게 하는 것은 우리가 살아가는데 가장 중요한 일이라 생각한다. 긴장된 상황, 갈등에 관련된 혹은 내부 문제에 관련된 상황일 때 특히 더 그렇다. 그러나 남들에게 말하는 것만 조심하라는 뜻은 아니다.

자신과의 가장 가까이 있는 사람들에게부터 위로하고 사랑을 전하는 말은 자아 인식을 증진하게 만들고, 더 나은 정서적 결정을 하게 도와준다는 것이다.

칭찬은 엄청난 힘을 발휘할 수 있는 힘이 있다. 칭찬은 그 어떤 것도 요구하지 않으며 마음을 담은 말 한마디면 충분하다. 마음을 담은 칭찬은 긍정적 에너지를 생성시켜주며 모든 사람을 감동시키는 역할을 한다.

말은 행동만큼 중요하다. 자신에게 하는 말도 조심해야 한다. 가끔, 잠시 하던 일을 멈추고서 자신이 생각이나 느낌을 가장 잘 표현하는 말을 찾아보는 것은 어떨까?

긍정적인 말 한마디와 칭찬을 더하고 자주 보는 사람들에게 아름다운 하루를 열어보는 것도 좋겠다.

전주 삼백집 욕쟁이 할머니

얼마 전 모처럼 집사람과 전주나들이에서 전주룸비니산악회 안준아 회장과 반가운 임원들을 만나 오랜만에 회포를 풀면서 소주를 마시며 그동안 못다한 정담을 나누는 시간을 가졌다. 다음날 안준아 회장의 안내로 애주가들이 속풀이 음식으로 즐겨 찾는 것 중에 전주(全州) 콩나물국밥을 빼놓을 수가 없다며 같이 찾아간 곳이 삼백집 전주 콩나물국밥집이다. 뚝배기에 밥과 콩나물을 넣고 갖은 양념을 곁들여 고개미젓이나 새우젓으로 간을 맞춘 맛은 담백하고 시원하기가 이를 데 없다.

욕쟁이 할머니가 개발하여 50여 년의 전통을 자랑하는 전주 콩나물국밥집은 예나 지금이나 애주가들이 즐겨찾는 전주의 명물 음식으로 알려졌다며 '욕쟁이 할머니집'으로 더 유명한 전주 콩나물국밥집에 얽힌 박정희 대통령의 일화는 아직까지도 세인들의 웃음을 불러 일으키는 역사가 있다고 했다.

지난 1970년대 전주(全州)에 지방 시찰 차 머문 저녁, 박정희 대통령께서 술을 마신 다음 날 아침 속풀이를 하기 위해 수행원에게 콩나물국밥을 요구, 수행원은 부랴부랴 욕쟁이 할머니가 운영하는 콩나물 해장국집에 도착해 콩나물 국밥 한 그릇을 배달해 달라고 요구했다고 한다.

욕쟁이 할머니 수행원에게 하는 말이 고함을 냅다 지르면서 "와서 처먹든지 말든지 해!~" 하며 욕쟁이 할머니의 불호령에 그냥 돌아올 수 밖에 없는 수행원들은 그 사실을 조심스럽게 박대통령께 알렸고, 욕쟁이 할머니의 이야기를 전해들은 박대통령은 한바탕 껄껄 웃으며 손수 국밥집을 찾아갔다.

그러나 대통령이라고 생각지 못한 욕쟁이할머니는 평소대로 욕지거리를 퍼붓더니 박대통령을 보고는 "이놈 봐라. 이놈이 어쩌믄 박정희를 그리도 닮았냐? 누가 보면 영락없이 박정희로 알겄다, 이놈아. 그런 의미에서 이 계란 하나 더 처먹어라!~"

욕쟁이 할머니와 소탈하고 따뜻한 서민 대통령의 거짓말 같은 실화는 지금까지도 전주 사람들에게 자랑거리가 되고 있다며 전주를 찾으면 반드시 이곳에 들려 유명한 전주 콩나물국밥을 먹고가야 한다며 안내한 것이었다.

그러나 우리는 오랜만에 동창이나 친한 친구들을 만났을 때도 예전에 친하다는 이유로 무심코 사용했던 욕을 주고 받으면서 우정을 나누기도 한다. 하지만 그 친구가 정색을 한다면 상황은 달라진다. 농담으로 하는 욕이라도 상황에 따라 폭력이 되듯, 욕을 듣는다는 것은 유쾌한 일은 아니다. 욕(辱)이란 기본적으로 다른 사람의 인격을 무시하고 모욕하는 것이기 때문이다. 실제로 욕을 듣게 되면 화부터 난다. 그래서 욕은 상대의 명예를 짓밟는 것이라고 할 수 있다.

법도 욕을 하는 것에 대해 처벌규정을 두고 있다. 공연히 사람을 모욕하는 자에 대해서는 모욕죄로, 공연히 사실을 적시에 명예를 훼손하는 경우에는 명예훼손죄로 처벌하고 있다. 욕쟁이 할머니가 가게의 콘셉트로 욕을 했다고 하더라도 욕을 들은 사람이 고소하면 모욕죄로 1년 이하의 징역이나 금고 또는 200만원 이하의 벌금을 받을 수 있다.

우리가 흔히 쓰는 욕은 호칭의 욕, 묘사의 욕, 비난의 욕 그리고 의지의 욕으로 구분할 수 있다고 한다. 호칭의 욕은 상대를 직접 거론하면서 흠집을 내는 것이고, 묘사의 욕은 구체적인 약점을 극대화하여 하는 말이다. 비난의 욕은 저주를 하는 것이고, 의지의 욕은 흔히 악담에 해당되는 말이다. 다만 구체적인 욕에 대해 예시를 하지 못하는 것은 지면에 담기에는 적절치 않기 때문이다.

특히 우리나라의 욕에는 수준이 있을 정도로 다양하기로 유명하다. 어떻게 그런 욕들이 탄생했는지 경이로울 지경이다. 우리 주변에는 습관적으로 욕을 하는 사람도 있다. 중요한 것은 욕은 내재된 인성과 의식의 일단을 드러낸다는 점에서 명심해야 할 일이다.

친한 사람일수록 욕보다는 상대에게 힘이 되어줄 수 있는 대화와 소통으로 정감을 나누는 것은 어떨까?

이 또한 시간이 해결해 준다

우리가 살아가면서 당면하는 인간관계에서 갈등을 겪는 가장 중요한 이유는 무엇일까? 오해나 이해 부족, 즉 상대의 마음을 잘 이해하지 못하기 때문인 경우가 아닐까? 사람과 사람과의 관계에 대해서도 내가 살아가는 동안은 절대 무심해질 수 없다. '내가 이만큼 내어줬으니 너는 나에게 이만큼 돌려줘야 해'라는 계산이 아니더라도 어느 순간 훅하고 들어올 때가 있다.

기대치가 큰 만큼 실망감도 큰 법. 주로 이렇게 서운한 일이 생기는 경우는 내가 마음을 준 사람들인 경우가 많다. 왜냐하면 잠시잠깐 스쳐지나가는 인연에는 내가 마음을 담아 준 것도 없고, 그 사람에게 기대도 없기 때문이다. 최소한의 예의만 지킨다면 보통의 관계에서는 문제가 없다.

남에게 줄 선물을 고를 때에도 그 사람의 선호가 아닌 내 선호가 영향을 미치는 경우가 적지 않을 것이다. 관심의 초점이 다르면 편향된 정보에 주의를 기울이게 되고, 동일한 대상일지라도 해석 기준에 따라 달리 평가할 수 있기 때문이다.

하지만 마음을 나누거나, 내가 마음을 열고 있는 사람에게는 잘

해주고 싶은 마음과 관심 받고 싶은 마음에 겉으로는 아무 조건 없이 이해하고 참은 것 같은데 마음 깊이 들여다보면 사소한 대가라도 기대하고 있었다는 사실을 알게 된다.

'길 가다가 네 생각나서 샀어', '너랑 자주 먹었던 음식을 먹으니 네가 생각나서 연락했어'처럼 큰 선물이 아니더라도 소소한 일상 속 표현에서도 상대에게 감동을 줄 수 있다.

우리는 자신이 보거나 생각하는 것이 다른 사람들과 다를 수 있다는 것을 잘 알지 못한다. 우리는 주변에 대한 자신의 영향력을 과대평가하면서 남들이 우리의 존재를 세심하게 인식하기를 기대한다. 누구나 무대의 주인공이길 바라지만 대부분 착각하고 있는 것이다.

기대가 없으면 애정도 없다 라는 말이 있듯이 비단 연인관계뿐 아니라 우리가 만든 모든 인간관계에 해당하는 말이지 않을까 싶다.

부부관계에서도 마찬가지고 부모와 자식 간도 마찬가지일 것이다. 무조건적인 사랑이라 하지만 '내가 당신을 위해, 내가 너희들을 위해 이만큼 노력했는데 어떻게 이럴 수 있니'라는 생각을 무의식중에 가지고 표현한다며 상처받고 실망하게 된다.

모든 사람들은 동일한 사건을 보더라도 각자의 지식, 경험, 의도, 태도에 의해 해석이 달라질 수 있다고 본다. 일상생활에서 간과하기 쉬운 사례로 이해와 판단을 방해하고 그르칠 수 있다는 점이다.

예를 들면, 여행객이 낯선 곳을 방문했다가 현지 주민이 알려주는 방향을 찾는데 불편할 때가 많듯이 타인이 우리를 어떻게 보는지 이해하려면 자신의 세밀하고 구체적인 면보다는 일반적이고 전체적인 특징에 관심을 두어야 하겠다.

자기중심적 편향에서 주의와 해석의 차이가 발생하듯이 해석의 차이는 타인 입장이 되어보기 전에는 그 관점을 제대로 이해하기 어렵기 때문에 쉽게 해소되지 않는다.

타인의 마음을 이해하려면 표정이나 몸짓, 관점의 상상에서 다소 도움을 받을 수 있으나 최선책은 상대가 자신의 마음을 스스럼없이 털어놓을 수 있도록 관계를 돈독히 맺는 것이다. 우리 감각은 한계가 있으므로 타인을 상상이 아닌 그 자체로 이해하는 겸손함을 지녀야 할 것이다.

나는 스트레스를 풀기 위해 친구들을 만나 소주 한 잔 하면서 정담을 나누며 회포를 풀거나 산과 오름을 올라 땀흘리는 것이 스트레스 해소법이라고 생각했다. 그런데 집으로 돌아왔을 때 이유없이 느껴지는 허무한 느낌은 무엇때문인지 몰랐다.

시간이 지나서 알게 된 것은 잠시 잠깐의 스트레스는 날려보낼 수는 있을지 모르겠지만 근본적인 문제는 해결되지 않았다는 것이다. 나는 그것을 너무 늦게 깨달았다. 요즘은 오히려 글을 쓰거나 이것저것 찾아 공부하는데 몰두하는 것이 스트레스를 잊을 수 있어 한결 나았다.

이런 스트레스를 내 감정을 섞어 해석하지 말고 내가 가지고 있는 스트레스를 그대로 바라보고, 그 원인이 된 사람을 있는 그대로 이해하고. 그리고 가장 중요한 것은 참고 이해하는 것에 대한 보상을 바라지 않고 자신의 내면을 바라보며 내 자신이 가장 잘 할수 있는 일을 찾아 해보면 그 스트레스 또한 시간이 해결해 준다는 사실을 배운다.

어승생악에서 배운 역사

서귀포방송 장수익 대표와 몇일 전 만나 윗세오름 등반하자는 약속을 했다. 오늘이 그날이다. 나는 전일 야근을 하고 아침일찍 퇴근과 동시에 장대표와 서귀포오일시장 주차장에서 만나기로하고 만날 장소로 나갔다. 산록도로를 따라 윗세오름으로 향하며 이런 저런 이야기를 나누면서 서귀포자연휴양림을 지나 얼마나 달렸을까? 초 가을 아침일찍 산행을 한다는 설레임과 제주에 아름다운 자연을 감상하며 달리다 보니 영실 등반 코스입구를 깜빡하고 한참을 지나쳐 버렸다.

에구 어떡하지 차를 돌려야지 하는데 장대표가 이왕 지나친 거 어승생악 오름이라도 가자고 하여 계속하여 1100도로변 아름다운 제주 자연을 감상하며 차를 달려 한라산 국립공원 어리목 등반코스 진입로에 있는 주차장에 차를 주차시키고, 어리목 주차장 주변 초 가을 단풍이 물들기 시작한 한라산을 배경삼아 기념사진도 찍고 아름다운 비경에 눈욕을 하며 오랫만에 산에 오르는 상황이다.

당초 영실을 통해 윗세오름을 오르기로 했는데 많은 체력을 요하는 곳이라 윗세오름 만큼은 아니지만 한라산 자락 오름을 오르기는 마찬가지다 아무나 오르기에 힘이 드는 것은 매한가지이나 그나마 한라산을 오르는 기분을 내기에는 여기가 최고다 드디어 어승생악을 오르기 시작했다.

어승생악 오름은 윗세오름 탐방로인 어리목에서 한라산과 반대편에 있는 어승생악은 작은 한라산이라고 불릴 만큼 산체가 커다란 곳으로 제주시내에서 한라산 방향으로 바라볼 때 가장 오른쪽에 높이 보이는 오름이다.

보기보다 의외로 오르기에 편안한 어승생악은 정상부위를 제외하고 대부분 숲길로 이루어져 햇빛을 피해 오르기엔 좋은 곳이고 모든 코스에 대부분 데크를 깔아놓고 있어 누구나 등반하기에는 어려움이 없다.

어승생악이 오르기 편한 이유는 입구에서 얼마 안가 길게 평평한 평지가 이어지기 때문인데 오름탐방로의 특성인 ㄴ자 형의 오름이기도 하다.

그로 인해 처음 입구의 오르막과 마지막 정상부위의 오르막을 제외하면 그다지 힘들이지 않고 오를 수 있고 오름의 비고의 특성상 바다 쪽은 높고 한라산 쪽은 낮기 마련인데 등반로의 입구가 한라산 방향에 있기에 더욱 편안히 오를 수 있는 편이다.

탐방로 대부분이 숲길 형식으로 이루어져 오르는 동안 주변 비경을 바라볼 전망은 없으나 그늘이 진 탐방로는 더운 날씨에도 어승생악 오름을 오르기엔 정말 좋다.

어승생악에서 주변 전망을 조금이나 볼 수 있는 곳은 정상 전망대이다. 그곳에서는 한라산의 전망을 즐겨볼 수가 있는데 오늘은 짙은 안개가 자욱하게 끼어 있어 전방 가시거리가 20미터 정도다. 어승생악 주변 한라산은 하나의 그림같이 펼쳐진 한라산 정상과 제주시내 등 아름다운 비경을 볼수 가 없어 아쉬움이 남겨졌다.

여기 어승생악 오름에도 아주 아픈 제주의 역사가 남겨져 있는 곳이다. 정상에 도착하고 보면 나무 그늘은 완전히 사라지고 조릿대와 억새꽃들이 탐방객들을 반겨준다. 그러나 정상 한켠에는 제주의 아픈역사가 있는 토치카와 동굴진지가 있다. 이것들은 태평양전쟁 말기인 1945년미군의 일본 본토 진입을 막기 위한 방어선의 일환으로 일본군이 구축한 시설물들이 남겨져 있어 제주의 아픈역사의 현장속에 저절로 마음이 숙연해 진다.

제주 어승생악 일제 동굴진지는 일제강점기의 전쟁관련 시설물로 2006년 12월 4일 대한민국의 국가등록문화재 제307호로 지정된 곳이다. 지하 벙커 두개를 가진 어승생악은 날씨가 좋을때면 멀리 남해 앞바다까지 훤히 들여다보이는 통에 이를 악용하여 이곳에 벙커를 지어 미군이 쳐들어오는 것에 대비를 했는데 자연환경에 만들어진 이 벙커는 어승생악 최악의 시설물이 되어 버렸다.

대부분 탐방객들은 모르겠지만 어승생악 또한 산정호수를 가진 몇 안되는 오름 중 하나다. 다만 비가 많이 내려야 물이 차오르는데 산정호수의 위치상 잘 보이지는 않는다.

산정호수의 위치는 정상에서 서쪽인 분화구 안에 있는데 들어가 볼 수는 없다.

어승생악을 올라본 탐방객들은 다들 알겠지만 정말 말이 필요없을 정도로 아름다운 전망을 가지고 있는데 남쪽으로는 한라산의 거대한 산채를 북쪽으로는 제주시내가 훤하게 내려다 보이는 정말 자연이 만들어 놓은 최고의 전망대이다.

어승생악은 한자 그대로 임금이 탈 말이 나는 곳이란 뜻이라고 한다. 어승생악 오름은 제주의 특산물로 조선시대 이름 높았던 말 중 가장 뛰어난 명마가 탄생하여 '임금이 타는 말'이라 하여 '어승마'라고 불렀다고 하기도 하고 '임금님에게 바치는 말'이란 의미의 '어승생'이란 이름을 가지게 되었다고 전해지는데 『탐라지』에 '어승생악'이라 표기했고, "제주성 남쪽 25리에 있다. 산 정상에 못이 있는데, 둘레가 100보다. 예로부터 이오름 아래에서 임금이 타는 말이 났기 때문에 이런 이름이 생겼다고 한다"는 기록으로 전해지고 있는 곳이다.

초가을 아침 제주의 아름다운 비경과 제주의 역사가 있는 어승생악 오름을 등반하는 내내 나에게 있어 자연으로부터 새로운 삶의 가치를 배우는 시간들이었다.

타인 위한 배려가 어려운 일인가?

창문을 닫고 있음에도 큰 목소리가 길 밖에서 들려와 창문을 열고 밖을 내다보았다.

길 가던 어떤 남자가 우리집 앞길을 걸어가다 전화통화를 하고 있었다. 통화내용은 가족관계에서 무슨 일이 생겼는지 화를 내며 막말도 섞어가며 통화 목소리가 점점 더 크게 들려온다.

잠시잠깐 너무 시끄러워서 창문을 닫고 곧 통화가 끝나겠지하고 더 기다린 시간은 20분이 지났다 그렇게 기다리는데도 통화가 끝이나지 않고 집 밖 길가에 그 남자가 그대로 서서 계속 통화를 하였다.

참다못해 목소리를 높여 호소를 했다.

저기요 "죄송한데요! 통화 목소리가 너무 시끄럽군요 큰소리로 통화하고 있어 내가하는 일에 집중할 수 없고 소음으로 너무 힘들어요."

통화를 하던 남자는 내가 하는 말에 깜짝 놀란 듯 다른 곳으로 걸어가며 자리를 옮겼다. 그래도 미안한 줄은 알고 있나 장소를 옮겨주니 그나마 고마운 일이다.

나는 화가 났지만 참고 정중히 말을 하여서 그런지 통화중인 남자가 다른 장소로 자리를 옮겨주고 나와의 다툼이 없었으니 천만 다행한 일이다. 100% 효과를 보았다.

한 번씩 이런 일을 겪는다.

어떤 날은 음성을 높여 통화하는 사람을 향해 "전화통화소리가 다 들립니다.

다른 장소로 옮겨서 통화해 주세요!"하고 말 한적도 있었다.

또 버스정류장에서 버스를 기다리고 서 있는데 다른 사람들에게 피해를 준다는 사실을 인식하지 못했는지 무심하게 담배연기를 내뱉는 사람에게는 "담배연기가 저 쪽으로 오네요 내가 담배를 피지 않아 담배 연기냄새를 싫어한다고 말을 해도 어쩔수 없이 담배냄새를 맡아야 할 때도 있었다.

나는 60여 평생 담배를 한 개비도 피워본 사실이 없다. 정말 담배냄새를 싫어한다. 남들이 좋다고 피는 담배냄새를 맡는 것 조차 힘들다. 담배를 다른 곳에서 피워달라고 양해를 구합니다!"하고 기분 나쁘지 않게 불편함을 내색하지 않고 말한 적도 있었다.

그래서인지 요즘은 담배를 피우거나 큰 소리로 통화하는 사람들이 내 주변에는 예전보다 많이 줄었다. 타인의 대한 배려는 사소한 관심에서부터 출발한다고 한다. 역지사지의 자세로 상대방의 입장을 헤아리다 보면 배려의 싹이 피어나고, 우리의 작은 배려는 세상을 행복하게 만든다.

내가 책에서 읽었던 "타인을 위한 배려" 라는 일화에서 깜깜한 밤에 앞을 보지 못하는 사람이 머리에 물동이를 이고, 한 손에는 등불을 들고 길을 걷고 있었다. 그때 그와 마주친 지나가던 사람이 물었다.

"당신은 정말 어리석은 사람이군요. 앞을 보지도 못하면서 등불은 왜 들고다닙니까?" 앞을 보지 못하는 사람이 말했다.

"당신이 나와 부딪히지 않게 하려고요. 이 등불은 나를 위한 것이 아니고 당신을 위한 것입니다."라고 했던 침묵의 성자로 알려진 인도의 영적 스승인 바바 하리다스가 쓴 '성자가 된 청소부'에 등장하는 일화에서도 자기 자신보다는 타인을 먼저 생각하는 배려의 중요성에 대해 잘 설명해 주고 있다.

타인을 위한 배려는 참으로 아름답다. 통화할 때나 담배를 피울 때도 타인을 위한 배려하는 마음으로 상대를 대한다면 요즘 세상에 어렵고 힘든 사람들에게는 상처받은 마음을 조금이나마 치료해 주고 위로가 될 것이라 믿는다.

진정한 배려는 내가 하는 일을 자랑하거나 나타내지 않기에 상대방을 불쾌하거나 부담스럽게 만들지 않아 그 감동은 오랫동안 우리들 곁에서 잊혀지지 선행으로 남을 것이다.

사회복지사의 길

나는 어릴 적부터 배고픔에 시달려 가난의 설움을 뼈저리게 느끼며 지병으로 아픈 어머니 곁에서 어렵게 자라왔다. 그래서인지 이를 악물고 공부를 하였고, 그때마다 결심하기를 내가 성인이 되면 반듯하게 커서 남들에게 굴하지 않고 나 같이 어렵게 사는 소외계층들을 돕는 사람이 되리라 다짐하며 나름 서귀포시지역 소외계층 청소년 상담과 선도 그리고 월급을 받은 돈을 쪼개가며 불우 청소년들을 남모르게 도와 왔다. 없는 놈이 생색낸다고 할까? 비아냥 거리 만들지 않으려고 조용히 해온 봉사활동이 이번 해로 37번째가 되었다.

어렵고 힘든 청소년과 소외계층들에게 어두운 곳에 빛이 되고 희망을 이어주는 봉사자가 되어 나의 초년시절에 겪었던 삶과 같이 힘들게 살아가는 청소년들에게 힘이 되겠다고 자처하였다.

가정형편이 어려운 아이들에 일탈현장에서 아이들을 품고 상담하고 선도하며 복지시설에 아이들과 함께 체험봉사활동을 시작하면서부터 사회복지사에 대한 관심을 갖게 되었다. 그 꿈을 이루기 위해 2022년 1월 사이버 대학에 입학하고 총 3학기 과정에서 1학기는 7개 과목을 수강신청하고 학습계획서와 토론, 매주 강의를 듣고 중간고사와 기말고사를 보고 우수한 성적으로 1학기를 마쳤고, 2학기 과정은 6개 과목을 수상신청하고 1학기 과정과 같은 과정으로 2학기 과정을 마쳤다.

2학기 과정을 마친 9월부터 서귀포시 토평동에 있는 장애인복지시설 정혜재활원에서 직접실습 시간 80시간과 간접실습(과제주제 10개를 레포트 작성제출)시간 80시간을 이금 실습지도자의 슈퍼비전과 피드백을 받으면서 사회복지사 현장실습을 마치고 제주대학교 컨벤션홀 1층 세미나실에서 토요일 1시부터 3시까지 3주간에 세미나 참석 등 열심히 한 결과 사회복지사 현장실습과정도 무사히 마쳤다. 3학기 과정은 3개 과목을 수강 신청하고 1,2학기 과정과 같은 과정을 마치고서야 드디어 당당하게 사회복지사라는 자격증을 취득했다. 물론 사회복지학사 학위도 같이 취득하였다.

내가 꿈에 그리던 사회복지사가 되었다.

지금까지는 사회복지현장에서 비전문가로 우리 이웃에서 소외를 받으며 주린 배를 움츠리고 방황하는 청소년들에게 빛과 희망을 이어주었다면 이제부터는 전문직 사회복지사로 어렵고 힘든 소외계층 청소년들에게 용기와 희망을 이어주는 전문가로 소외로 외롭고 힘든 청소년들과 함께하면서 학교와 가정에서 청소년범죄 가담 등 일탈행위로 얼룩진 청소년들에게 학업을 계속할 수 있도록 지원과 후원하며, 사회복지현장에서의 봉사자인 사회복지사의 길을 가고자 한다.

이들에게 웃음을 잃지 않도록 더 나은 삶의 질 향상을 목표로 오늘도 쉬지않고 뛰어 보리라 다짐해 본다.

산굼부리에서의 추억

오늘은 아침부터 분주하다. 정읍에서 지인들이 제주를 관광차 방문했다는 소식이다. 지인들이 짜여진 관광 일정에 방해가 되지 않게 일정을 맞춰가며 산굼부리에서 만나기로 약속을 했다. 나는 약속시간에 늦지 않게 서귀포에서 산록도로를 따라 남조로를 한참 달려 산굼부리 주차장에 차를 세웠다. 서둘러 일찍 출발한 게 내가 먼저 도착하고 지인을 기다리면서 산굼부리 주변을 둘러보다 도착한 지인 일행들을 만났다.

일행들과 반갑게 인사를 나누고 산굼부리 탐방 전 제주 산굼부리에 대하여 내가 아는 범위에서 설명을 하고 입장을 시작했다. 제주의 산굼부리는 이름부터 특이하다. 산굼부리 화산은 우리나라에 하나밖에 없는 특이한 화산이고 세계적으로도 희귀한 화산이다

천연기념물 제263호로 지정되어 보호를 받고 있는 곳이기도 하다. 가을철에는 한라산 주변 아름다운 오름군락지가 병풍처럼 펼쳐지고 주변에는 제주 가을에 정취가 느껴지는 아름다운 풍경들이 그림처럼 이색적인 제주 자연의 아름다움을 그대로 간직하고 있다. 산굼부리는 분화구의 방언으로 산이 구멍 난 부리라는 뜻에서 유래되었다.

산굼부리 화산만은 다른 화산과 달리 용암과 화산재의 분출이 없이 폭발이 일어나 구멍만이 남아있는 화산이다

분화구의 지름과 깊이는 백록담보다 더 크고 현무암 자갈층으로 되어있어 물이 고이지 않는 분화구이다. 분화구 안에는 원시 상태의 식물군락이 완벽하게 보존되어있어 학술적 가치가 높은 곳이다.

산굼부리 억새꽃들은 가을 남자가 되고 가을 여자가 되는 곳으로 제주 가을 여행지로 딱 어울리는 산굼부리의 억새꽃이 군락을 이루어 은빛 찬란한 물결이 바람에 흔들리며 탐방객들에게 반갑게 손짓을 해준다.

산굼부리는 제주의 가을 여행지로 소문이 난 곳으로 산굼부리 분화구 주변에 드넓게 펼쳐진 억새꽃들의 향연은 탐방객들에게 활짝 웃는 얼굴로 반겨주고 있어 억새꽃 군락지와 마주하면 탐방객들의 입에서는 어느새 감탄사가 저절로 나올 정도다.

억새꽃 사이 사잇길을 걷노라면 누구나 영화배우가 되고 영화속 주인공이 되어 억새꽃마를 탄 왕자가 되고 예쁜 공주가 되어 모두가 주인공이 된 듯 들뜬 기분이다.

지인들도 반겨주는 억새꽃들에 손짓에 답례라도 하듯 억새꽃을 배경 삼아 기념사진을 카메라에 담아내며 어느새 주인공으로 변해간다. 나는 지인들의 사진을 담아내는 일을 도와 사진작가가 되어 주인공들에 행동행동 하나하나를 카메라에 담아내며 이들에 제주 관광에 잊지못할 추억을 만들어 가는 연출자가 되어있었다.

산금부리 정상주변 경사진 사면에 은빛 찬란한 억새꽃 들이 장관을 이루고 있었다.

어느 곳이든 카메라를 들이대도 그림 같은 펼쳐진 풍경은 제주 자연에 신비로움을 가슴속에 그대로 스캔되어 간직하며 주변 비경이 사진 속에 찍힐 때마다 가는 곳마다 들이대는 카메라는 사진작가들의 출사지가 될 정도다.

억새꽃 풍경이 아름다운 제주, 억새꽃 향연이 펼쳐지는 산굼부리…… 산책로를 따라 양쪽이 모두 억새꽃 군락지로 바람결에 한들한들 흔들리는 억새꽃 들의 향연은 환상적인 풍경으로 연출되고 있었다.

산책로를 따라 한쪽은 억새꽃 군락지이고 한쪽은 그림 같은 비경이 뷰티나는 푸른 초원이 드넓게 펼쳐져 있어 지인들은 혹시나 놓칠세라 억새꽃과 초원을 배경 삼아 인증사진을 담아내는 데 시간 가는 줄 모른다.

억새꽃 은빛 물결 출렁이는 억새꽃의 향연도 감상하고 천연기념물인 산굼부리 화산분화구도 감상을 하며 철부지 소녀시절로 돌아간 듯 지인들은 제주 관광에서 잊지 못할 추억을 만들어 가고 있었다.

아이들과 조상의 얼과 지혜 배워요

오늘은 제주지역 청소년들을 대상으로 쇠소깍 산물관광농원에서 직업진로 체험이 있는 날이다.

아침 일찍 서둘러 체험활동 참가 청소년들을 만나기로 한 장소로 달려갔다.

이번 체험활동은 사단법인 서귀포룸비니청소년선도봉사자회 대표 박은교가 주관하는 쇠소깍 산물관광농원에서 옛 조상들의 얼과 지혜를 배우는 시간을 가지면서 진로체험을 하기로 했다. 이곳 산물관광농원에는 옛 조상들이 일상에서 사용하던 농기구 등 수천종의 다양한 유물들이 가득찬 보물창고로 유명한 곳이다.

제주 한라봉 감귤하우스 내에 빈티지 박물관, 모루박물관, 고재박물관, 추억박물관이 있고 노랗게 익어가는 제주한라봉 감귤사이로 아름답게 조화를 이루고 있는 보물창고에서 학업에 지친 청소년들을 위해 힐링도 하며 오늘 강사로 초빙된 문창민 한의원장으로부터 직업진로 현장체험도 예정되어 있다.

쇠소깍 산물관광농원은 바다와 맞닿아 끝나는 곳에 있는 쇠소깍 하천 부근으로 한라산 백록담 남벽과 서벽에서 생겨나 해안으로 이어지는 쇠소깍은 효돈의 옛날 지명인 쇠둔의 '쇠(소, 牛)'와 늪이나 웅덩이를 뜻하는 '소(沼)' 그리고 강물이 바다로 흘러가는 지역인 하구를 뜻하는 제주 방언인 '깍'에서 유래했다는 곳에서 하천을 따라 500미터 가량 올라가다보면 다리건너 우측에 쇠소깍 산물관광농원이 있다.

체험에 참가한 45명에 아이들을 태운 버스가 산물관광농원입구 도로에 주차되고 인원체크 후 산물농원 입구 마당에 들어서자 아이들은 하나같이 놀란 표정들이다.
신기하고 다양한 식물들부터 경운기, 수색이라 써있는 방탄모, 제주도 몰고랑 돌방아, 장독대 등 많은 오브제들이 반겨주었다.

마당도 꽤 넓어서 마당 안에 잔뜩 진열된 유물들을 구경하노라면 아이들 입에선 이게 다 뭐야~ 하며 감탄사가 저절로… 마당을 걸어 산물상회 카페라 써 있는 곳 안으로 들어서면 분위기부터가 다르다. 산물카페 안에는 소박하면서도 아담하게 다양한 미싱부터 다양한 유물들로 잔뜩 꾸며져 있어 관람자들에 눈길을 사로잡는다.

산물카페를 지나가면 유물박물관이 있다. 유물박물관도 꽤나 크고 둘러보는데도 시간 가는 줄 모를 정도로 옛 조상들이 사용하였던 농기구 등 다양하고 신비스러운 물건들이 노랗게 익어가는 한라봉 감귤과 잘 어우러져 있어 체험참가 아이들은 처음 접해보는 유물이라 신기한 듯 입을 다물지 못하고 강사에게 질문세례가 빗발친다.

쇠소깍 산물관광농원 유물박물관은 옛 조상들이 사용했던 다양한 물건들을 한라봉 감귤하우스 느낌의 공간 곳곳에 연출해 놓은 장소로 아이들에게는 처음 보는 풍경들로 신기하고 관심을 끌 만한 유물들로 가득했다.

옛날 농기구, 잡지, 모루, 생활용구까지 그야말로 없는 거 빼고 다 있는 옛날로 돌아간 기분이 들 정도였다.

아이들은 산물관광농원 내 유물박물관을 둘러보며 구석구석 포토존과 옛 유물들로 가득찬 곳에서 보물찾기를 하는 기분을 느끼면서 신비한 물건에 사용방법과 용도에 관해 질문하고 문창민 한의원장이 설명해주며 옛조상들의 얼과 지혜를 배워가는 아이들에게는 저절로 바른 인성을 갖춘 청소년들로 변해있고 자기 자신의 적성에 맞는 직업을 선택할 수 있는 기회의 시간들로 아이들에 체험시간내내 얼굴에는 진지함이 더해갔다.

아이들이 직업진로 체험현장으로 선호하는 체험학습공간 쇠소깍 산물관광농원에는 지난 30여년간 문창민 원장과 부친이 애써 모아논 수천종의 유물들이 이젠 구할 수 없는 보물이 되어 이곳 보물창고를 지켜주고 있는 현실에 고마운 마음이 저절로 고개를 숙이게 한다. 어느새 체험 참가 아이들에 마음엔 옛 조상들의 얼과 지혜를 배우는 시간들로 오늘 하루도 가득히 채워져 가고 있었다.

우도섬에서의 하루

요즘 핫하게 뜨는 관광지가 있다 한다.

소문에 의하면 꽤나 가볼만하다 하네?

함께 글을 쓰는 몇몇분들과 함께 한번 가보기로 하고 날을 잡았다. 오늘이 그날이다. 우도섬에 가는날.

어제는 바람이 심하게 불어 배를 타고 갈 수 있을까? 살짝 걱정스러웠지만 출발 당일이 되니 날씨는 언제 그랬냐는 듯이 맑은 하늘 맑은 공기로 우리의 체험길을 응원해 주는 듯하였다.

성산항에서 우도 천진항으로 가는 첫배를 타기 위해 우리는 성산항으로 서둘러 출발하였다.

도착하고 보니 많은 관광객들이 우도 행 첫배 우도랜드 2호를 타기 위해 줄이 길게 늘어 서 있었다.

우리 일행도 배표를 구매하고 왕복승선자 명부를 작성하고 아침 8시30분에 출항하는 배에 몸을 실었다. 우도로 항해하는 우도랜드 2호 선체 앞 부분에서 바라보는 우도는 환상의 섬인가? 맑은 가을하늘과 하얀 구름이 둥실 떠 있는 가을하늘은 한 점의 그림 같이 멋스럽다.

우도 천진항에 도착하고 제일 먼저 차를 타고 이동한 곳은 산호사 물코 서빈백사 앞에 있는 '파도소리 카페'에서 우도의 명물 우도 땅콩아이스크림의 맛을 볼 수 있었다.

달콤. 고소.

땅콩의 고소함이 입안 가득 우도에서만 맛볼 수 있는 색다른 맛의 아이스크림과 함께 산호로 가득 둘러 쌓여진 서빈백사 해수욕장을 둘러보며 우도의 자연과 함께했다.

이후 제주시 우도면 연평리 1964번지에 위치한 고길수 대표가 운영하는 자연과 함께하는 힐링정원인 우도정원을 찾았다.

우도정원은 제주 자연의 아름다운 우도와 주변 해안, 그리고 제주오름들이 배경이 되어주는 정원이 있었다. 사계절 다양한 꽃들로 옷을 갈아입는가 하면 다양한 식물들로 군락을 이루고 있어 우도속에 '꽃들의 천국'이라고 불리는 우도의 힐링명소라고 했다.

이곳 입구에서부터 바람결에 아름다운 자태를 뽐내며 한들한들 거리는 코스모스들이 탐방객들을 반기며 손짓을 한다. 정원안에는 코스모스 정원, 백일홍정원, 오색목조 정원, 설악초 정원, 동백정원, 야자숲길 정원, 마편초 정원, 수국정원, 팜파스 정원, 하트광장, 유리호프스 꽃, 버들 마편초, 병솔나무 꽃 등 수천 종의 다양한 꽃들이 가득한 곳 정원 속으로 들어갈수록 동남아 열대우림을 연상케 하는 야자수정원들은 이국적인 정취를 느끼기엔 안성맞춤이었다.

6,000평 규모에 정원 안에 조성된 곳에 핑크뮬리 정원은 가슴

이 뺑 뚫리듯이 한 전망대가 우뚝 서 있어 우도에서 바라다보는 주변에 아름답게 펼쳐진 유네스코에 등재된 성산일출봉과 한라산, 그리고 한라산 아래 넓게 분포된 제주오름 군락지와 사방에 제주 바다의 아름다운 풍경은 일상에서 지친 사람들에 스트레스를 해소 시켜주고 힐링할 수 있는 힐링명소로 이곳 만큼한 곳이 없을 정도 였다.

이어 찾은 곳은 우도 대규모 테마파크인 훈데르트바서파크다. 22년 전 작고한 세계적인 건축가 겸 환경운동가이자, 오스트리아를 대표하는 3대 화가 중 한 명인 '훈데르트바서'를 테마로 한 '훈데르트바서파크'가 훈데르트 바서의 이름을 붙여 설립되었다고 한다. 한국에 한번도 방문한 적 없는 훈데르트 바서가 우도에서 이름이 알려지면서 한때 우도지역 주민들의 반대가 극심했던 우도에 8년여 만에 우도가 예술의 섬으로 탈바꿈한 지금은 제주 우도의 관광명소로 유명세를 타고 있다고 한다.

기척에 우도봉과 제주 천혜의 우도섬 속에 펼쳐진 아름다운 비경과 어우러진 '자연에는 직선이 없다'던 훈데르트바서는 직선을 배제한 강렬하고 화려한 색감의 예술작품들을 탄생시킨 천재적인 화가이자, '인간은 자연에 들른 손님'이라는 이념 아래 도심의 건축물에 자연의 생명력을 불어넣은 건축가로 건축치료사다. 유명 관광지로 손꼽히는 오스트리아의 '훈데르트바서하우스', '쿤스트하우스 빈', '바트블루마우' 등이 그의 대표적인 건축예술작품들이 전시되어 연일 관람객들을 맞이하고 있었다.

훈데르트바서파크는 훈데르트바서의 철학과 작품세계가 그대로 녹아든 '내추럴 아티스틱 파크'는 오스트리아에 있는 '훈데르트바서재단'과 훈데르트바서의 기획 및 디자인을 실제 건축물로 탄생시켰던 건축가 '하인즈 스프링맨'이 건축 작업에 직접 참여해 훈데르트바서의 생전 건축 작품들의 콘셉트와 디테일들을 파크 안에 구현해냈고, 건물을 지을 때 베어지는 수목을 최소화하기 위해 그 자리에 자생하던 수목들을 건물 옥상 위에 옮겨 심는 훈데르트바서의 '나무세입자' 철학을 파크 내 건축물들에 적용시킨 것도 이 새로운 파크가 훈데르트바서식 건축물의 정체성을 계승한 곳임을 설명해 주고 있어 그 또한 놀라운 일이다.

자연과 인간의 공존을 주장하던 훈데르트바서는 메마른 도시의 건축물에 생명력을 불어넣어 건축물 그 자체가 인간의 마음을 치유하는 도구가 될 수 있도록 힘써온 건축치료사로 전 세계적인 작가로 이름이 알려지고 있다.

이를 따라, 훈데르트바서파크 역시 부지 내에서 자라던 1600여 그루의 나무를 이전 식수했고, 그 결과 현재 훈데르트바서파크에는 파크가 들어서기 이전보다 더 많은 수목이 자라나고 있다고 했다. 그야말로 자연과 어우러져 하나를 이루는 자연속의 예술적인 파크, 내추럴 아티스틱 파크가 탄생하여 이곳을 찾는 이들에게 깊은 감명을 주고 있어 본 받을만 한 교훈이다.

훈데르트바서파크의 건축물은 어느 것 하나 동일한 형태가 없었다. 건축적 기교에서 다양성을 우선시 한 훈데르트바서는 건축물을 구성하는 각 요소에 개성과 독창성을 부여함으로써 건축물을 예술 작품으로 승화시켰고, 훈데르트바서파크 건축물에 있는 층

78개의 기둥과 131개의 유리창 또한 각각 다른 형태를 지니며 화려하고 대담한 색감으로 관람객들의 눈길을 사로잡았다.

바닥도 그냥 평평하지만은 않고, 언덕과 곡선을 좋아하던 훈데르트바서 방식대로 구불구불 높낮이가 있게 조성된 길들은 길 끝에서 마주하게 되는 예술적인 작품들의 경이로움을 더해주며, 발바닥으로 전해지는 흙과 돌의 감촉은 자연과 인간의 조화를 이루는 방식으로 설계되어 가는 곳 보는 곳마다 매우 인상적이었다.

파크에는 400평 규모의 대형 카페인 훈데르트윈즈, 유럽 노천카페를 모토로 한 카페 '레겐탁', 우도의 비경 톨칸이 해변과 우도봉 인근 큰 바위 얼굴을 품고 있는 카페 '톨칸이' 등이 있다. 레겐탁은 바서가 항해에 나서거나 작업 활동을 이어간 목조 범선으로, 영화 제작자와 함께 찍은 동명의 영화가 칸 영화제에 출품됐다. 각시물도 파크 중간에 보존되어 있었다.

옥상 정원의 파란색 양파 첨탑은 가장 좋은 경치를 구경할 수 있는 장소로 우도봉과 등대, 큰바위 얼굴이 모두 보이는 비경이 정말 놀랍다. 인근 돌담길에는 백개의 얼굴이 형상화돼 있고, 객실 48개가 있는 훈데르트힐즈 등이 방문객들의 발걸음을 사로잡고 있다.

훈데르트바서파크 관람중에 훈데르트바서파크 이상엽 우도 미술관장을 만날 수 있었다. 이상엽 관장은 '자연에는 직선이 없다'는 바서의 철학을 반영해 건물의 외형, 기둥, 창문, 벽, 계단, 광장 등 대부분의 공간을 곡선으로 구현한 세계적인 작품들이 전시되어 있다며 우리일행들을 전시관을 둘러보며 알기 쉽게 소개해 주었다.

그리고, "얼마전 종영한 최고 시청률 14.6%를 기록의 인기드라마 '우리들의 블루스'에서 영옥(한지민 역)의 쌍둥이 언니 영희로 열연했던 발달장애인 화가이자 배우인 정은혜 작가의 작품이 전시되어 있는 전시장에서는 정은혜 작가의 작품이 참으로 특별하다"며 "전체적인 구도를 잡는 대신, 인물의 정수리부터 물이 흘러내리듯 그림을 그리는 정 작가의 모습을 보면서 마치 보이지 않던 대상을 물로 씻어내 인물을 드러내는 것 같은 느낌을 받았다"며 이 관장이 느낌 소감도 소개해 주어 전시관을 둘러보는 내내 작가들의 작품속 내면을 볼 수 있는 시간이었다.

이곳에는 크게 훈데르트바서의 일생과 작품들을 훈데르트바서식 건축물 안에서 세계적인 작품들을 관람하며 체험할 수 있는 대한민국 최초의 해외 유명 예술가 상설기념관 '훈데르트바서뮤지엄', 자연 그대로 경사면을 따라 우도의 바다를 조망할 수 있도록 낮게 들어선 지중해풍 저층형 프리미엄 콘도미니엄 '훈데르트힐즈', 성산일출봉을 화룡점정으로 시시각각 변하는 우도의 사면의 바다를 두 눈에 담을 수 있는 우도 최고의 뷰카페 '훈데르트윈즈'로 구성됐다고 볼 수 있었다.

훈데르트바서뮤지엄은 '드림 투게더'를 테마로 회화관, 판화관, 생애관, 환경건축관, 파크관 총 5개의 전시관으로 구성되어 판화관에는 오리지널 판화 작품 20여 점이 전시되어 있고, 생애관에서는 그의 삶을 조명할 수 있는 우표, 두들 등 각종 기록들을 만나볼 수 있었고, 건축관에는 담스타르트, 스피텔라우, 성바르바라 모형이 전시되어 해외에 있는 그의 유명 건축물을 한눈에 볼 수 있어 관람하면서 전세계적인 작품을 만날 수 있는 기회가 오늘 우도 여행에 정말로 신비의 세계를 보는 듯했다.

그리고, 훈데르트힐즈 끝자락에 위치한 '카페 톨칸이'에서는 톨칸이 해변의 큰 바위 얼굴을 품은 절경을 만끽하며 차 한 잔의 여유로운 시간은 작가들의 작품세계와 우도에 아름다운 비경이 조화를 이루고 있어 우도 섬속 모든 이에게 세계적인 작가가 된 양 착각할 정도로 순간순간 아름다움이 함께 추억으로 남겨지고 있었다.

빼빼로 데이

언제 부터인가? 양력 11월 11일은 우리사회에서 '빼빼로 데이'라고 불리어지고 있다. 빼빼로 데이는 초콜릿 빼빼로 과자를 선물을 주고받는 기념일이 되었다.

11월11일에서 숫자 1이 네 개의 빼빼로를 세워 놓은 모양을 닮았다고 하여 만들어진 기념일로 이날은 젊은 층 연인들 사이에서 빼빼로 선물을 주고받는 날로 우리들 곁에 최대 규모의 데이 행사로 이어져 왔다.

확실히 10대들 사이에서는 봄 방학 기간에 있는 발렌타인 데이나 1학기 초에 있는 화이트 데이보다 이미 학급 친구들과 친한 인간관계를 형성한 상태에서 수능과 연말을 앞둔 빼빼로 데이를 더 중시하며 친구나 연인들과 빼빼로 선물을 나누는 친숙한 일상이 됐다.

이때가 되면 가는 곳마다 마트 앞에는 다양한 빼빼로들로 진열장에 가득 진열되어 지나가는 젊은 연인들의 발길을 멈춰 세운다.

1년 기념일 중에 사탕과 초코렛을 선물하는 날도 있지만 11월 11일은 사랑하는 사람들에게 빼빼로를 선물하는 날이 되었다.

나의 개인적인 의견을 낸다면 11월11일에 의미를 몸에 좋지 않은 과자보다 우리 쌀을 이용해 차라리 떡가래를 선물하면 어떨가! 하는 생각이 든다.

빼빼로 데이에 사랑하는 연인들로부터 빼빼로 선물을 받고 세상 다 얻은 것 같이 즐거워하는 사람들을 보면서 빼빼로 선물을 받아서 "좋겠네요" 라고 인사를 남기고 돌아서려는데 문뜩 집에 있는 집사람과 며느리, 딸, 손주 생각이 저절로 난다.

집으로 향하다 빼빼로 가게에서 나도 모르게 발길이 멈추어 서게 된다. 나의 사랑하는 가족들에게도 빼빼로 한 통씩 사다 줄까.

상상을 해보니 그전에도 그랬듯이 그전에 남들 다 즐기는 빼빼로 데이에 집사람에게 빼빼로 선물이라 주었더니 우리 집사람은 몸에 좋지도 않은 "이런것 쓸데없이 왜 사왔냐고? "할 것 같지만

며느리와 딸, 손주를 생각해서 눈 딱 감고 빼빼로 선물을 인원수별로 손에 사들고 집에가 "빼빼로 선물입니다!"라고 하자 아니나 다를까 내가 예상했던 대로 집사람은 뭐하러 빼빼로를 사왔냐고 한다.

하지만 마음속으로는 기분은 좋아 보였다. 며느리와 딸은 감사하다는 말로 선물에 대한 화답을 해주었고 손주 다미는 웃음으로 화답해주었다.

언제부터 우리는 사랑을 선물과 기념물들로 전해야만 서로 간의 사랑을 느낄 수 있게 된 걸까!

예전에는 식탁에 고기반찬을 자주 해 먹지 못해도 구수한 된장

보글보글 끓여서 식구들이 함께 먹고, 옷은 위에서 부터 차례로 물려 입어도 사랑의 배고픔을 느끼지 못했었다.

지금은 생활 환경이 그때에 비하면 부유한 삶과 나은 문화생활을 누리며 살아가지만 저마다 가슴들이 비었는지 이런 기념일에 뭔가 정표가 오고가야 서로간의 사랑을 확인할 수 있게 된 것일까

그것이 연인 사이든 심지어 부모 자식 간에도 형식에 점차 끌려가고 있는 셈이 되어버렸다.

점점 나이가 들다보니 잠자는 자식의 얼굴을 보듬으며 물끄러미 내려다 보고 흩어진 머리칼을 쓸어올리는 부모의 정이 자식에게 느껴지지 않는데, 아무리 달디단 초콜릿이라 한들 그 허기진 사랑의 공백을 채울 수는 있는 걸까?

연인사이! 서로 사랑이 깊다면 남들처럼 화려하지 않아도 형편에 맞게 전하면 이심전심 나누어지지는 않는 걸까!

세상이 삭막해져 가는 까닭이지 하면서도 서로 간의 불신들로 안타까운 심정들이다.

사랑하는 어머님 곁에서 나 어릴 적에는 풍족하지 못했어도 서로 정이 넘쳐나던 그때가 점점 그리워지는 요즘이다.

한방에서 큰 이불 하나만 덮은 채 옹기종기 모여서 자고, 밤이면 평상에 모여앉아 화롯불을 피우고 고구마랑, 밤을 구워 도란도란 나누어 먹던 때가…

그때 굳이 확인하지 않아도 가족 간에, 이웃 간에 정겨움이 넘쳐났었는데……

요즘은 감사한 마음을…… 사랑하는 마음은 있는데 전하지 못하는 그런 시간의 연속이 서로를 고립시키는 지금의 현실이지 않을까 누군가는 상술이라고 하지만 2022년 임인년 빼빼로 데이에는 이런 날을 핑계로 나마 사랑하고 소중한 사람들에게 감사한 마음을 전하는 소중한 날이 되었으면 좋겠다.

4 · 3으로 잃어버린 큰 마을 "무등이왓" 탐방길

(사)서귀포룸비니청소년선도봉사자회에서 주최하는 제주역사 바로알기 프로그램 운영을 하면서 아이들과 함께한 '무등이왓 마을'

제주4·3사건 당시 잃어버린 마을 제주의 아픈 역사가 고스란히 남아있는 비극의 현장 탐방길에서 당시 그날에 처참했던 현장' 최초 학살터', '잠복학살터', 무등이왓 마을이 번성했던 역사를 볼 수 있는 개량 서당인 '광선사숙' 등이 있었던 자리에 쓰여진 표지판들이 방문객을 맞이하고 있어 프로그램 운영시 마다 아이들과 함께 자주 찾고 있는 곳이다.

제주4·3당시에는 무등이왓마을은 중문면과 이웃한 안덕면의 중산간 마을의 이름으로, 4·3으로 잃어버린마을 중 가장 큰 마을이며 4·3 당시 130호가 넘었던 무등이왓은 동광리의 중심마을이었다고 한다.

탐방에 나선 우리 일행들은 무등이왓 마을 입구에서 전영미 문화해설사가 무등이왓 탐방전에 제주4·3사건당시 무등이왓 마을이 잃어버린 마을 비극의 현장이 된 사연들을 먼저 해설을 통해 전해 들을 수 있었다.

지금은 사람이 살지 않고 농사를 짓는 토지와 무등이왓 마을에 사람들이 살아었다는 것을 짐작할수 있는 대나무들이 자라고 있었고, 마을 곳곳에는 당시의 참상에 흔적들이 고스란히 남아있었다. 무등이왓 안길을 조금 걸어들어 가다보면 무등이왓에서 처음 학살이 자행된 '최초 학살터'라는 표지판이 학살터 입구에 세워져 있어 당시의 참혹했던 현장을 느끼게 한다.

1948년 11월 15일 무장대 토벌작전을 수행하러 온 토벌대들이 소개령을 제대로 전달받지 못한 주민 10여 명 불러다 잔혹하게 폭행하고 일부를 사살하면서부터 이곳 무등이왓 마을에 비극이 시작되었다고 한다.

마을의 동맥 역할을 한 중심 길을 따라 다시 곧바로 걷다 보면 갈림길 좌측 길로 접어들면 '잠복학살터'가 나온다. 이곳 학살터에도 잠복학살터 입구에 '잠복학살터'라고 쓰여져 있는 표지판이 그 날의 아픔을 설명해주고 있었다.

토벌대들에게 끌려간 가족들이 참혹하게 학살된 곳에 찾아가 가족 시신을 수습하려고 온 주민들에게 대나무 밭에 숨어있던 토벌대가 저승사자처럼 갑자기 나타나 주민들을 토벌대가 에워싸 한 곳에 모여 앉히고 주민들 주위에 짚더미나 멍석 등을 쌓아놓아 그대로 불을 질러 어른, 아이 할 거 없이 주민들이 숨이 끊어질 때까지 고통스럽게 학살한 곳이 이곳 잠복학살터라고 한다.

여기 잠복학살터에서 희생된 희생자들은 여성과 어린이 등 노약자가 대부분으로 저항할 힘조차 없었던 선량한 무등이왓 주민들이었다.

게중에 살아남은 마을 사람들은 잔인한 학살에 몸서리 칠새도 없이 언젠가는 자신들도 당할지 모른다는 두려움 때문에 더 안전한 곳을 찾아 숨을 수밖에 없었다.

50여 일 동안 피신해 있던 큰 넓궤가 알려지자, 무등이왓 주민들은 같이 숨어 지내던 이웃마을 사람들과 함께 겨울눈이 무릎까지 차오른 산길을 걸어 영실부근의 볼레오름까지 올라가 피신했으나 그들이 남긴 눈 위의 발자국을 따라 산을 에워싸며 올라온 토벌대는, 보이는 사람들을 체포하거나 총살했다.

토벌대는 큰넓궤에 모여들었던 120여 명의 주민들을 서귀포 정방폭포 인근의 단추공장 건물에 임시 수용했다가, 주민 모두를 정방폭포 위에서 또 집단학살에 나섰다.

언제 죽을 지도 모르는 공포 속에서 살았던 나머지 사람들도 무등이왓을 떠난 후 다시는 돌아오지 못했다고 생존자들에 의해 전해지고 있는 현장이었다.

당시 유일하게 혼자 숨었다가 살아났다는 신원숙 할아버지는 당시 큰넓궤에 숨어 있다 살아난 몇 안 되는 증인들과 신원숙 할아버지의 처인 이태숙 할머니는 "동굴 밖에 다닐 때는 발자국이 나지 않게 돌만 딛고 다녔거나 마른 고사리를 꺾어다가 발 디딘 곳에 꽂아 두면서 흔적을 남기지 않으려고 했다"며 당시 생존 할아버지의 건강할 때 했던 증언을 오늘 탐방현장에서 전영미 해설사로부터 생생하게 당시 비극에 역사의 현실을 해설을 통해 배울 수 있었다.

무등이왓은 1949년 말까지 예비검속으로 마을 출신 주민이 학살되는 아픈 역사가 이어졌고, 1955년 제주에 몰아친 광풍이 가라앉자 다른 마을들은 재건해 안정을 되찾았지만 무등이왓 마을만은 지금까지도 아픔에 역사현장에서 치유되지 못했다.

가족들이 보는 앞에서 사랑하는 가족들이 학살당하는 현장을 두 눈뜨고 보았던 터라 공포와 겁에 질린 생존자들도 마을로 되돌아가지 못하고 현재의 동광리 등으로 뿔뿔이 흩어져 살면서 1600년대 중반 관의 침탈을 피해 쫓기던 사람들이 들어와 화전을 일구고는 있으나 정착은 아직도…… 한 때는 130여 가구가 살았을 정도로 큰 마을이던 무등이왓 설촌이 3백여 년 만에 잃어버린 마을이 되어버렸다고 한다.

당시 무등이왓에서 있었던 잔혹한 역사는 1948년 제주섬 사람들이 "해안선 5km 밖 모든 사람들을 폭도로 간주한다."는 미군정 소개령을 듣고 피난길에 오르며 겪었던 혹독한 겨울을 담아낸 작품, 제주4·3사건을 다룬 영화 "지슬"로 세상에 널리 알려지게 되었고, 4·3 이후 67년 만에 무등이왓이 '동광마을 4·3길'이란 이름으로 제주의 아픈 역사를 바로 알리는 교육의 현장으로 당시에 비극의 현장이 슬픔을 대신하고 있었다.

정겨운 무등이왓 옛 마을 길과 당시의 집터 주변에 들어선 대나무들이 바람결에 한들 한들거리며 무언의 슬픔을 실어 이곳을 찾는 탐방객들의 귓가에 제주의 아픈 역사를 생생하게 전하고 있음에 나 또한 가슴속 깊이 울컥한 마음이 전해지고 있음을 느끼게 한다.

그동안 아픈 신음소리조차 못 내던 팽나무도 무등이왓 마을 중심에 꿋꿋하게 버티고 서서 지난 아픈 세월에 무게를 이겨내고 이제는 역사의 현장을 찾는 방문객들이 왕래가 잦아지면서 푸른 기운의 생기를 되찾아 그날에 있었던 참혹한 비극의 현장을 증언해 주고 있었다.

잃어버린 마을 무등이왓 가는 곳곳마다 옛 마을 선인들이 피해를 당한 고통의 세월을 묵묵히 증언하고 있었다. 1948년 12월 12일과 13일에 있었던 '잠복학살터'에서 무등이왓 마을 주민들을 대상으로 토벌대들이 저지른 비인간적이고 패륜적인 만행들이 회자되고 있었다.

제주의 아픈 역사와 그 역사가 살아있는 무등이왓에서 참혹하게 희생된 무고한 사람들… 오래전 이미 이 마을은 없어졌지만 잊지 않고 기억하여 다시는 이런 아픔의 역사가 또 다시 반복되지 않도록 지난 제주의 아픈 역사를 바로 배워야 하고 비극의 아픈 역사를 바로 알릴 수 있는 기회를 찾아보는 것은 어떠한가?

이곳에서 희생된 선인들은 다 우리의 조상들이다. 무고한 죽음이 헛되지 않도록 제주의 아픈 역사를 바로 알고 잊지 말아야 한다.

역사는 왜곡되어서도 안 되고 진실은 올바르게 밝혀져야 한다. 그 아픈 역사는 후손들이 역사현장을 탐방하면서 제대로 된 역사를 배우는 시간을 가져보는 것도 좋을 듯하다.

어르신들의 안전 신호등 「중문 어부바」

내가 중문파출소장으로 부임한 지 10개월이 훌쩍 지난 시점에 있었던 일이다.

그날도 어김없이 우려했던 중문관 내 거주 치매 어르신이 새벽 3시경 가족들이 잠이든 사이 자식들의 보호에서 이탈한 실종사건이 발생했다는 신고 전화가 파출소로 걸려왔다.

새벽시간 때 주무시던 어머니가 실종되었다는 내용이었다. 황급히 직원들과 집 주변부터 시작하여 차츰차츰 범위를 확대하며 찾던 중 집에서 약 4키로 가량 떨어진 하원동 중산간 도로상을 속옷차림에 신발도 신지 않고 맨발로 길을 헤매이는 어르신을 다행이도 사고 없이 발견할 수 있었다.

연일 자식들의 무관심으로 속에 자신의 부모가 돌아가신지 조차 몰랐다고 하는 뉴스가 매스컴을 통해 심심치 않게 방송되고 있는가 하면, 매스컴에 나오지 않았을 뿐 치매로 가족의 보살핌 없이 배회하다 사고를 당하는 부모님도 적지 않고, 그 외에 발생하는 크고 작은 일도 허다한 현실이 되었다.

한평생 자식을 위해 헌신하시다 이제 살만하다 하니 치매와 중병으로 자식들과도 떨어져 홀로 살아가면서 그 것도 살아있는 생명을 연명하시다시피 살아오시다 생을 마감하는 가장 존엄한 순간이어야 할 임종을 고독하게 맞이하고 사망한 지 며칠이 지난 후에야 장래를 치러야 하는 어르신들을 보면서 인생무상이라는 글귀를 떠 올릴 수밖에 없는 현실이 너무나 가슴이 아프다.

하지만 요즘은 주위 사람들을 돌볼 겨를이 없이 지나가는 하루하루가 너무 빨라 무섭게만 느껴지고 아침저녁으로 부모의 안부를 물어 살핀다는 '혼정신성(昏定晨省)'이란 말도 이제 옛말이 되고 만지도 오래되었다.

우리는 흔히들 아들과 딸에게는 비위를 맞춰가며 원하는 것을 들어주는 내리사랑은 있으나 부모를 향한 오리사랑(치사랑)은 잊은지 오래다. 보다 못해 명절 때나 생신 때 생색내기와 바쁘다는 핑계로 부모를 홀로 사시게 하고 있는 현실에서 요즘은 얼굴을 들어 하늘을 하염없이 쳐다보며 눈물을 삼키게 한다.

나 역시도 항상 함께 같이할 것이라고 믿었던 나의 어머님이 돌아가시고 나서야 유난히 아쉽고 그간의 부모에게 조금이라도 더 챙겨드리지 못한 것에 대한 후회의 눈물을 흘리곤 한다.

가까이하지만 항상 같이 지내므로 당연하다고 느껴서 그 소중함을 모르고 지내는 사람이 많다. 내가 어떤 잘못을 하든 나를 이해하기 위해 노력하고, 내가 어려울 때 나를 뒷받침해줄 수 있는 가장 든든한 지원군이 나의 가족이며 우리 부모님이 계신 따스한 울타리였음을 깨달았을 때는 이미 부모님은 돌아가셔 우리 곁엔 안 계신다.

그래서일까? 우리 주변에 종종 발생하고 있는 어르신들의 실종과 사고는 우리지역 어르신들을 위해 할 수 있는 일이 없을까 고민하다 「중문 어부바」 "중문지역 홀몸 어르신들을 부모님처럼 바라보며 섬기자"의 의미로 홀몸 어르신 보호대책 계획을 수립하였다. 관내 주변 거주하시는 홀몸 어르신들을 보호하기로 하고 지역주민들을 찾아다니며 협조 요청과 의견를 의견을 모았다. '홀몸 어르신'들의 고독사 문제는 더욱 심각해져만가고 노후빈곤과 정서적 고립감, 우울증을 앓고 있는 상황에서 자식들은 바쁘다는 이유로 무관심과 사회와 이웃에서의 소외는 홀몸어르신들에게는 죽음보다 더 두려운 존재가 되어갔다.

이에 우리 중문파출소에서는 중문지역 홀몸 어르신을 부모님처럼 바라보며 섬기자는 의미인 「중문 어부바」 홀몸 어르신 보호활동에 발 벗고 나섰다. 지역경찰관이 틈틈이 외근활동을 통해 담당부락별 홀몸어르신을 방문해 안전확인, 말벗서비스, 중산간 지역 거동 불편 홀몸어르신 등 112순찰차량을 이용한 병원내원 서비스, 각종 안전사고 예방순찰 등을 시행하며, 멀리 떨어진 부모의 안부소식을 대신 전해주는 서비스를 통해 사회 안전망 구축은 물론 각종 범죄예방 활동을 펼치며 치안만족도 향상에 기여하고 온 결과는 놀랍도록 홀몸 어르신들이 길 잃음 신고나 사고가 없었다. 고독과 소외감으로 힘들어하는 홀몸어르신들에게 우리 경찰도 인간적인 관점에서 다가가 진정어린 자식의 마음으로 어르신들의 일상을 걱정해 주며 홀몸어르신을 부모처럼 바라보며 섬기는 일 또한 우리 경찰의 임무요 사명감으로 오늘 하루도 관내 홀몸어르신 안전을 위해 향한 힘찬 발걸음은 지역주민들과의 소통과 공감에 시간들로 채워지고 있었다.

물론 자식들도 바쁘다.

시대가 시대인 만큼 남에게 뒤처지지 않기 위해서는 직장에서 제 능력을 발휘하고, 자신에게 주어진 일을 하나하나 이루어나가면서 살아가야 한다. 하지만 지금의 나를 있게 한 부모님을 시간을 내서라도 가끔 찾아뵙는 게 도리이다.

하다못해 '밥은 챙겨 드시는지' '편찮은 곳은 없으신지' 안부전화 한 통이라도 해야 할 것이다. 부모님에게 소홀하고 있진 않은지, 바쁘다는 이유로 소중한 그 무엇인가를 놓치고 있는 것은 아닌지 한번쯤은 주위를 뒤돌아볼 수 있는 마음의 여유를 가졌으면 좋겠다.

더 늦기 전에 훗날 후회하지 않으려면 자식을 위해 희생을 마다 않으신 우리의 부모님을 찾아 뵙고 자식의 도리를 하는 시간이 되었으면 한다.

치매어르신들은 인지능력이 감소하여 자주 드나들던 집도 찾지 못하고, 눈에 넣어도 아프지 않다던 자식들조차 알아보지 못하는 지금은 노인이라는 불리우는 우리들의 부모님들……

어려운 시기를 겪고, 살만해지니 나이 들어 '치매와 노인'이라는 달갑지 않은 병이 찾아와 오히려 가족들로부터 고립과 소외감속에 남은 여생을 보내시는 이분들은 공경받을 자격이 충분한 분들이다.

명심보감에도 "늙어가는 어버이를 공경해 모셔라, 젊었을 때 그대를 위해 힘줄과 뼈가 닳도록 애쓰셨느니라."는 글귀가 있듯이 우리사회에서 '홀몸어르신들에게 남은 여생 조금이나마 행복하게 보낼 수 있도록 다같이 노력해야 할 때가 아닌가 싶다.

내 봉알은 금봉알

지난 12월 2일부터 4일까지 전주에서 안춘아 회장 지인 9명이 제주를 방문했다.

나와 전주와의 인연은 약 8년전 부터였다. 전주룸비니불교산악회 안춘아 회장과 서귀포룸비니불교산악회장인 내가 룸비니라는 인연으로 인연을 맺어 현재에 이르기까지 깊은 인연은 서로 지역을 교류왕래하며 크고 작은 행사도 여러해 치르게 되면서 더더욱 값진 인연들이 지인들과도 인연이 되어 왕래를 하고 있다. 이번 일정도 그러한 인연으로 만남이 이루어졌다.

일행이 9명에다 나와 나의 집사람을 포함하니 12인승 스타렉스를 용두암렌트카에 예약하고 2일 오후 1시30경 제주국제공항으로 렌트한 차를 운전하고 공항에 대기하다 반가운 인연들과 같은 차에 동승하고 서귀포로 향하는 길목 관광지를 신창리 풍차해안을 잠시들려 눈욕을 하고 차는 서귀포를 향해 달렸다.

그 때부터 차량 내에서는 재미있는 이야기들이 흘러나왔다

"내 봉알은 금봉알"이다.

구청장을 지내시다 현재는 은퇴하여 지금 70이 갓 넘은 지인이

책을 쓰게되면 반드시 “내 붕알은 금붕알”이라는 제목으로 책을 쓰고 싶다는 희망을 갖고 있다고 했다.

이유는 구청장을 지내신 지인이 젊은 시절 자녀들이 필요한 것들이 있어 부모에게 도움을 요청할 때면 구청장의 사모님이 니 아버지 금붕알을 팔아서 쓰라는 말을 했었다고 한다.

가정형편이 어려울 당시라 아이들이 요구하는 사항을 다 들어주지 못할 때면 가정형편이 어렵다는 말 대신에 했던 말이라고 했다.

그래도 구청장 부부는 공직생활 박봉에 의존하던 어려운 사항에서도 아이들이 요구사항을 하나 둘 들어주게 되었다고 한다.

그러자 어느날 어린 아들이 어머니에게 어머니 아버지의 금붕알이 그렇게 비씨냐고 궁금해서 물어 보았다고 한다.

그 말을 듣던 일행들이 한 바탕 웃음보가 터져 큰 소리내며 한참을 웃었다.
그 와중에 구청장의 사모는 당시 있었던 일화들을 이어갔고, 아들이 그 이후에도 필요한 것 들을 갖고 싶을 땐 어머니에게 계속 요구했고 안들어주면 아버지 금붕알을 팔아서 사면 되겠네라며 어머니에게 졸랐다고 했다.

이들 부부 이야기에서 지금 남편이 박봉의 공직생활을 통해 당시의 소박하고 어려웠던 시절을 상상할 수 있는 대목이다. 그래도 어려움을 힘들게 이겨내면서 아이들에게는 마음의 상처가 없도록

"내 불알은 금붕알"이란 말을 되새기며 힘을 내어 살아온 시절이 현실에선 모두가 공감할 수 있는 옛추억들로 새록새록 정말 아름답고 진솔된이야기는 지금 하얀 백지에 깨알처럼 촘촘이 글로 쓰여지며 이야기꽃이 환한 빛으로 비추어지고 있다.

우리들의 삶도 당시는 어렵게 살아온 건 마찬가지 일거다. 그러나 어려움을 자식들에게 내보이지 않으려는 부모들에 마음이 묻어났고 마음은 표현하기 나름일 것이다.

어려운 시절 먹고 살 일에 고민하면서 자식들까지 뒷바라지를 해야하는 상황들은 지금의 부모들이 젊은 시절에는 누구나 겪었던 일들이고 너무 빡빡하게 살아왔기에 지금은 이러한 이야기들은 살만한 여유가 있는 현실에서 추억들로 남겨져 오늘도 웃음꽃이 피어지고 있다. 구청장 사모는 말을 이어가다 남편을 향해 그 당시나 현실에서 항상 '내가 운이 좋은 여자, 남편을 잘 만난 여자'일거라고 생각한다고 말도 이어갔다.

두 부부의 이야기를 들으면서 달린 차는 이들 부부와 우리들의 삶 속에 옛 추억들이 영화를 감상하듯 나의 뇌리를 스쳐가는 동안 어느새 서귀포에 있는 숙소에 도착하였다.

이들의 이야기는 내가 운전하는 차에 탄 모든 일행들에게 제주 여행에서의 아름다운 추억들로 채워지고 있었다.

박은교 수필선

수필가 박 은 교

☆ 호 혜안심(惠安心)

☆ 제주특별자치도 서귀포시 예래동 출생

☆ 제주관광대학교 졸업

☆ 사회복지학사, 수필가, 언론기자

▷ 주요 경력

☆ 『현대문예』(2019년) 수필 등단

☆ (사)서귀포룸비니청소년선도봉사자회 대표

☆ 서귀포룸비니청소년상담소장

☆ 상담사(심리상담사 - 가족, 아동, 노인, 청소년 등 다수)

▷ 현재

☆ 제주N서귀포방송 본부장, 전)시사매거진 제주본부장

☆ 혜향문학회원, 현대문예제주작가 회원

▷ 수상 경력

☆ 현대문예 문학상

☆ '한국을 빛낸 사람들' 대상(청소년선도봉사 공로 대상)

☆ 대한민국 충효대상

☆ '자랑스런 대한민국 시민' 대상

☆ '자랑스런 한국인' 대상

☆ 제주도지사 표창, 제주교육감

☆ 제주특별자치도의회의장 표창

☆ 서귀포시장 표창 등 다수

작가의 말

살아간다는 것은… 익어간다는 것이라고 해도 될까?

경험과 경험으로 인한 삶과 인생에 대한 철학을 갖게 되고 조금씩 더 성숙해져 가는 것이 아닐까?

나도 이제 또 다른 출발을 하려 한다. 살아오면서 생겨난 순간의 생각들을 글로 적어내며, 그 몇 편의 글들과 수필가인 남편의 쓴 글들이 모여 하나의 수필집으로 출판되어 세상 밖으로 나오게 된다.

요즘 세상은 너무 혼돈스럽다. 너무 빠르게 변화되는 세상에 적응되지 못하는 사람들이 혼란을 겪고 있는 모습들을 너무도 쉽게 볼 수 있다.

나 역시 두눈 부릅뜨고 세상을 바로 보고자 애씀에도 불구하고 도대체 뭐가뭔지 어느 게 옳은 길이지 분간이 안되는 일들이 너무도 많이 생긴다.

바쁘다 바쁘다. 바쁘게만 살아내고 있는 요즘, 결국 그리 바쁘게 살아봤지만 결과는 별반 다를 게 없을듯 한데 사람들은 습관적으로 늘 바쁘다고 노래를 한다.

잠시 마음의 여유를 가지고 한권의 책을 읽어나간다면 그 책과 함께 마음의 휴식을 갖고 간다면 누구나 훈훈해지는 마음과 평온한 정서를 가지게 될 것 같은데…

하루 중에 단 몇분이라도 책과 함께 한다면 더없이 좋은 평화로운 세상이 될 수 있을 것 같은데…

모든 것은 내 마음에 있다는 말이 있다. 내가 기쁘면 세상이 기쁘고 내가 슬프면 세상이 슬프다.

내가 행복하면 세상이 행복하고 내가 만족스러우면 모든 것이 사랑스럽다. 내 마음이 여유로우면 모든 것은 풍족하다.

이제 한 권의 수필집을 발간해 내며 내안의 나를 들여다 볼 시간들을 좀 더 많이 가져야 겠다.

조금 더 내 마음의 평화 찾아가고 조금 더 내려놓기를 연습하고 조금 더 감사하고 조금 더 나를 사랑하기를 노력해야 하겠다.

더욱더 성숙해지기를 더욱더 무르익어 재주를 끼로 부릴 수 있기를 더 세련되고 성숙된 글로 더 아름다운 글을 세상에 선물할 수 있기를.

봄이 가기 전에 한 편의 글을 노래해 봐야겠다. 봄이 가기 전에 한 곡의 노래 더 불러 봐야겠다. 봄이 가기 전에 함께하는 모든 사람들에게 감사의 마음을 전해보자.

이 글을 쓸 수 있는 오늘에 감사하고 내 글을 읽어주시는 분들에 감사하고 지금 현재 내게 주어진 모든 것들에 감사한다.

2023년 6월 **박 은 교**

나의 어머니

늘 그 자리에 계실 줄 알았다.

항상 "어머니~" 라고 부르면 "응~~왜? 왔니?" 라는 응답이 있을 줄 알았다.

또다시 투정이 그리워 어머니를 불렀다. 그러나 그 자리에는 나의 어머니는 없었다. 지금 나의 어머니는 항상 계시던 그 자리가 아닌 병원 침상에 누워 계신다.

그날이 있기 전부터 어머니가 중간중간 떠올라서 찾아 뵈야 겠다는 생각을 염두에 두고 있었음에도 하루하루 미루며 그다지 급하지도 않은 일들을 먼저 처리한다고 자꾸만 떠오르는 어머니 찾아뵙는 일을 소홀히 하였었다.

그날 아침 생각나는 어머니를 찾아뵐 계획과 함께 그날의 일정을 계획한 후로 나의 급하지 않은 일을 마치고, 오후에 찾아뵈야겠다고 생각하고 어머니가 좋아하는 족발과 수박 한 덩이를 사서 차 뒷자석에 실어놓고 내 목적지를 향했다.

출발하여 채 5분도 되기 전 평소에 전화를 잘하지 않던 남동생으로부터 한 통의 전화가 왔다.

"누나~어머니가 쓰러져서 119로 서귀포의료원으로 가고있데. 어떡하지 난 지금 서울 방금 도착한 상태라 나도 바로 내려갈 건데

누나 빨리 병원으로 가봐."

이건 또 무슨 상황인거지?

서둘러 서귀포 의료원으로 차를 돌렸다.

어머니를 태운 119응급차는 아직 도착하지 않은 상태였다.

도대체 어느 정도지

어머니… 제발 아무일 없기를… 제발 아무 일도 아니기를 기다리는 순간 1분 1초가 속이 타 들어갔다.

삐뽀삡뽀~~

응급차는 내 앞에 세워졌고 다급하게 구급대원들의 손에 의해 내려지는 나의 어머니의 모습은 내 심장을 완전히 커다란 북으로 심장을 때리는 기분이었다.

어머니는 알아들을 수 없는 소리로 소리소리 지르고 온몸으로 발악을 하며 어딘가로 가고자 했고 누군가의 제압을 하지 않으면 안되는 모습을 하고 있었다.

어머니 제발 나를 알아보기를… 내가 어머니를 부르면 다시 나를 쳐다봐 주기를 그러나 그럴 수 있는 상태는 이미 아닌 것을 심장이 떨리고 손이 떨리고 겁이 났다.

아~제발 이런 모습이 일시적으로 나타났다. 병원 치료받으면 바로 정상회복 될 수 있을 거라는 긍정적인 말을 듣고 싶어서 의사 선생님을 붙잡고 상태확인과 차후 어떻게 진행되는지 묻고 또 물었다. 몇 번을 물어도 최악의 상황까지 설명한다. 이런 환자들의 1분 1초의 답급함과 골든타임의 중요성…

나의 어머니는 잠시 숨 고르기를 하는 듯 잠시 누워 계신다. 제주대학병원으로 이동해야 한다.

지금 나의 어머니는 제주대학 병원침대에 누워 계신다. 나를 알아보는지 못 알아보는지 알지도 못하는 상태로 말도 못하고 표현도 안 되는 모습으로 어머니는 지금 누워 계신다.

우리는 어머니가 알아듣든 못 알아듣든 날마다 이야기한다.

평소 나의 어머니는 우리 자식들이 가면 맛있는 음식을 만들어서 먹이는 걸 좋아했었다.

"어머니, 어머니가 해준 들깨죽 먹고 싶어요"

"어머니, 어머니가 해준 자리물회를 먹고 싶어요."

"어머니. 어머니가 해준 콩국이 먹고 싶어요. 약 잘드시고 재활 치료 잘 받고 얼른 집에 가자

얼른 집에가서 자리물회 만들어 먹어요 어머니"

우리 자식들의 간절한 이 소리를 제발 듣고 계시기를… 그 소리를 듣고 우리에게 맛있는 음식을 먹이기 위해 다시 일어날 김순아 여사임을 알고 있다. 반드시 나의 어머니 김순아 여사는 일어날 것이라 믿고 있음이다.

된장 담그기, 참깨를 뽑아 자식들마다 나눠주고 고구마, 감자, 마늘, 고추, 깻잎……

친정집 갈 때마다 바리바리 한 보따리씩 지고 이고 돌아오는 길. 친정집 가는 길……

나의 어머니는 나에게 하늘이었고 땅이었고 우주이자 이 세상 내가 살아가는 데 든든한 힘이고 나의 기십이고 나의 기둥이고 보이지 않은 길의 빛이었음을…

지금 나의 어머니는 어제와 완전 다른 모습으로 병원 침대에 누워 계신다.

나를 알아보지도 못하고 당신이 원하고 필요한 것이 무엇인지 표현도 못하신다.
그저 나를 바라보고 눈빛을 맞추고 '우 우' 알아들을 수 없는 소리와 뭔가 힘들고 불편한지 끙끙거리고 앓는 소리만 하고 있을 뿐이다.

어제 바로 찾아뵙지 못함에 수많은 자책으로 가슴을 쓸어내리고 날마다 잠들기 전까지 눈물과 함께 간절하게 "내일 아침이면 어머니가 나를 알아볼 수 있기를…… 뭐가 필요한지 뭐가 불편한지 서로 소통이라도 될 수 있기를 간절히 기도하고 기도하며 눈물의 잠에 취해본다.

부모님께 안부 전화나 찾아뵙기는 내일 하는게 아니라 오늘 지금 바로 해야되는 것임을……
부모님은 언제까지나 나를 기다려주지 않는다.

아름다운 마을 성산 오조리

성산일출봉이 품어안은 성산의 옆지기인 오조리 마을. 세계자연문화유산(제주10경) 중 하나인 성산 일출봉에서 서쪽으로 약 900m거리에 위치한 아름다운 마을. 약 1000여 명의 주민들이 대부분 농업과 어업에 종사하며 살아가고 있는 조용하고 아늑한 자연 마을이다.

최근 아름다운 절경에 매료된 사람들에 의해 최고의 관광지로 꼽히기도 한다. 너른 아스팔트길을 1시간여 달리다 바다가 유난히 아름다운 곳이 있어 잠시 머물고 보니 거기가 오조리였다.

돌담이 참 정겹게 쌓아 올라간 옛 정취 그대로 마을을 지키고 있는 모습에 난 그만 반하고 말았다.

마을 입구로 들어서서 마을회관 앞 주차장에 차를 세워 놓고 몇 발자국 떼어놓자니 예전 마을 저장고로 사용하였던 돌담창고를 개조해서 맛있는 제주 토속 음식인 '고기국수'를 메뉴로 운영하는 예쁜 가게가 눈에 띄었다.

하… 참 매력 있네~~

사진을 몇장 찍어 놓고 또 다시 발걸음을 옮겼다. 이제 본격적으로 마을을 돌아봐야겠다. 서너 발자국을 옮겨놓았을 때 내 시야에 들어오는 또 하나의 가게 '숙이 슈퍼' 아주 자그마한 구멍가게 유리벽에는 "얼린 물 있습니다." "외상 사절" "아메리카노. 카페라떼" 등 메뉴가 가지런히 부쳐져 있었다.

작은 공간의 구멍가게 '숙이 슈퍼' 란 간판을 보고 가게를 보고 있자니 절로 미소가 피어 오른다.

'와~ 저 가게 좀 봐바'

기분 좋은 뭔가 가슴 밑바닥에서 올라오는데… 그건 바로 향수였지 않았을까?

따뜻하고 아늑하다 고요하고 평화롭기까지 하다.

돌담들로 주우욱 마을 길은 이어졌다.

'니네집'과 '우리집'은 돌담으로 경계를 이루었고, 돌담을 따라 올래 안으로 들어서면 나즈막한 집들은 옆집은 순이네집, 뒷집은 철수네집.

담너머로 "누구 엄마야~" 하고 부르자면 저쪽 담너머 "예~" 하고, 대답하고 담너머로 음식을 나누어 먹던 정겨운 이웃과의 이음새는 그야 말고 이웃과의 따뜻한 사랑과 애틋한 정 바로 그 자체였다.

연꽃이 핀 연못, 돌창고, 돌담길, 오조리 습지. 오조리 포구, 광치기 해안" 을 휘~돌고 돌아보니 어느새 제자리. 벌써 오조리 마을 한바퀴를 다 돌았나보다.

요즘은 모든 게 빠르게 변해가고 있는 세상이다.

'4차 산업 혁명이다'. '인공지능이다.' '사물 인터넷이다.' 'NFT다' '메타버스다'하면서 상상도 못할 일들이 우리 눈앞에 펼쳐저 나가고 있는 세상이다.

손가락 하나로 모든게 척척 이루어지고 손가락 하나로 제주도와 서울, 아니 미국이든 지구 끝이라도 실시간 연결이 가능한 시대이다.

사무실에 앉아서 집에 보일러를 키고 손가락 하나로 필요한 물건을 주문해서 집까지 배달시키는 시대.

같은 건물에 살고 있지만 옆집에 누가 살고 있는지, 옆집에서 무슨 일이 일어나고 있는지 알지도 못하고 알 필요도 없다고 생각하고 살아가는 개인주의적인 사회. 점점 삭막해 져가는 요즘. 서둘러 변해버리는 세상이 참으로 아쉽고 안타깝기도 하다.

나는 점점 옛것에 대한 그리움에 빠져들었다.

그때가 그립다. 밤새 눈이 내려 눈이 쌓이면 비료 포대를 깔고 썰매를 타던 그때가 땅바닥에 그림을 그려서 동네 벗들과 방치기 놀이를 하던 그때가 책장을 뜯어서 만든 딱지치기를 하던 그때가 대나무를 자르고 신문지를 부쳐서 손수 만든 연을 날리던 그때가 눈물나게 그립다.

여기 오조리에 들어서고 보니 옛것들에 대한 그리움이 가슴 깊은 곳에서 스멀스멀 올라왔다.
그 아늑하고 따땃한 느낌은 오래도록 내 마음에 평화를 주기에 충분하였다. 여기 이 동네만큼은 세월이 가드래도 옛것의 모습 그대로 유지되기를 바래본다.

또다시 찾아오고 싶은 동네
그곳이 바로 아름다운 제주마을 오조리였다.

나도 이제 할머니

"할머니~ 뭐하니?"

딸아이와 통화를 하고 있으려니 전화기 너머로 들려오는 손자녀석의 목소리다.

내가 손자 녀석과 통화를 할 때 "우리 민재 뭐하니?" 라는 말을 줄곧 썼었는데 손자 녀석이 할머니가 늘상 하는 말을 따라하나부다.

어느 순간 말을 뜨문뜨문 말을 알아듣고 말을 해대는 게 너무 이쁘기도 하고 너무 신기하기도 할 때 이기도 하다.

"할머니 뭐하니?" 라는 손자 녀석의 인사말을 들으며 전화기를 붙들고 한참을 웃고 있자니 또 다시 들려오는 손자 녀석의 목소리

"할머니 보고 싶은 디~"

2017년 9월26일

"나 왔노라고" 커다란 울음소리로 이 세상에 기적을 울리며 태어나던 날, 그날이 우리 민재의 생일날이다.

딸아이기 임신을 하였고 임신성 고혈압으로 자연분만은 힘들 것 같다는 의사의 소견대로 수술대 위에서 세상에 나온 아이

"나도 이제 할머니 됐네?"

"당신도 이제 할아버지네요" 하하하 "우리가 벌써 할머니 할아버지?"

익숙치 않은 호칭으로 서로를 불러보며 허허 거렸었는데…

어느새 내가 나를 할머니라 칭하면 손자 녀석을 부르고 있는 지금이다.

"민재야~~할머니 왔다~~"

"민재야~~할머니는 우리 민재 보고 싶은데 우리 민재는 할머니 안보고 싶어?"

손자 앞에서는 아주 따뜻한 그야말로 할머니가 되어있는 내가 여기에 있다.

그러고 보니 문득 나의 할머니가 떠오른다. 늘 따뜻하였고 늘 인자한 미소를 보이셨던 할머니. 다시금 할머니에 대한 그리움에 가슴이 뭉클거린다.

어린 시절 아주 어린 시절, 난 아주 명랑하고 아주 활달하고 옛말로 요망진 아이였다.

작은 마을이었지만 그 마을에서 동생 친구들과 동네꼬마 녀석들을 죄다 모아놓고 골목대장 노릇을 하였으니까.

또 유독 아기를 좋아하였고, 등에 아기를 업고 지나가는 아기엄마를 볼 때마다 업혀있는 아기에게 달려가서 얼르고 달래고 때로는 아기를 내려달라고 해서 안아주고 업어서 놀아주기를 좋아하였고, 동네 아기 보는 일을 도맡아서 하기도 하였었다.

"너 그렇게 아기를 좋아하면 어른이 되어서 아기를 못 낳는단다."

왜 그런 말이 나왔는지 모르지만 어른들이 그런 이야기를 할 정도로 아기를 좋아했었다.

그런 나를 흐뭇하게 웃으시면 지긋한 미소로 바라보시던 나의 할머니. 할머니를 떠올릴 때면 꼬리처럼 따라 들어오는 영상 한 장면이 있다,

아주 저학년 때 일이다. 늘 동네 아이들과 뛰어놀고 자치기하고 방치기 놀이하고 숨바꼭질하며 동네방네 뛰어다니며 놀던 어느 날 그날은 놀다가 숨바꼭질로 놀이를 바꾸었다.

할머니 댁 마당에서 숨바꼭질을 하다가 난 할머니 방으로 숨으러 들어갔고 할머니 벽장 위에 괴짝 사이 이불이 개켜 올려 져 있는 그 사이로 숨으로 들어갔다.

괴짝 위에 조그맣게 종이에 돌돌 뭉쳐진 뭉치 하나를 발견하였다. 그 뭉치 안에는 동전들이 돌돌 말아진 종이 안에 쌓여 있었다.

난 그 돈뭉치를 들고 옛날 상점으로 내달렸다.

길 다란 통 안에 얼음주머니 놓고 팔던 '아이스 께끼' '자야' 라는 과자와 '라면땅' 이라는 과자를 샀던 기억이 어렴풋하다.

그 소중하게 돌돌 말아 싸둔 뭉칫돈을 죄다 내가 다 써버렸던 것이다. 그럼에도 '돈 없어졌다는 이야기도' '그 돈 어디 갔는지에 대한 물음도' 단 한 번 물어보지 않으셨던 할머니셨다.

지금도 할머니를 떠올릴 때면 죄책감으로 가슴 밑바닥이 저려온다.

할머니를 떠올리면 인자하고 따듯한 할머니의 미소와 함께 떨쳐버릴 수 없는 그 고백하지 못한 어린 시절의 그 면을 지워 버릴 수 없다.

할머니의 기억처럼, 할머니에 대한 추억처럼. 내 손자 녀석은 이 할머니를 무지하게 좋아한다. 요즘 시대가 좋은 때라 서로 얼굴을 보면서 통화를 할 수 있다.

영상 통화란 걸 할라치면 "어~? 할머니다"하면서 반가워 날뛰는 손자 녀석을 보고 있으면 나도 모르게 흐뭇한 미소가 절로 나온다.

어쩌면 우리 민재도 내가 할머니를 기억하는 것처럼 인자한 할머니로 기억해 줄지도 모른다. 손자 녀석의 재롱을 보고 있노라면 그냥 세상 부러울 것 하나 없이 부자가 된 느낌이다.

저 녀석에게 할머니에 대한 어떤 기억을 만들어 줄까?

'물외 자라듯 잘도 자란다.'라는 말처럼 하루하루 볼 때마다 쑥쑥 자라나는 손자 녀석을 보면서 세월이 유수 같음을 느낄 때가 많다.

"우리 민재 몇 살? 하면 손가락을 펴보이며 씨익 웃는 손자 녀석 어느새 저렇게 많이 자랐지?

손가락을 펴 보이는 손도 어느새 많이도 자랐네.

이 인연은 어디서 왔을까?

어떤 인연으로 할머니, 손자로 만났을까?

어떤 삶의 지혜를 가르쳐 주어야 할까?

거칠고 험난한 세상을 잘 이겨나갈 수 있는 지혜로운 아이로 자라나 주길 바랄 뿐이다.

삶의 지혜를 배워가며 순탄하기를 바랄 뿐이다.

지금 이 순간도 가족들 간의 매개체가 된 손자 녀석이 너무도 이쁘고 고맙고 대견하다,

지금 이 순간 이 마음처럼 모두가 서로를 사랑하고 아끼는 하나의 가족이 되어 주기를 할머니인 나는 간절하게 기도해 본다.

우리 할머니가 그랬던 것처럼 나도 인자한 할머니이고 싶다.

참 나를 찾아서

"당신의 종교는 무엇입니까?"

라고 누군가가 묻는다면 나는 거침없이 "나의 종교는 불교입니다." 라고 대답한다.

불교를 알아서 불교라고 대답하는 것은 아니다. 그저 막연하게 불교가 내 종교이어야 될 것 같다는 느낌으로 하는 대답이다.

절이 좋다. 자연과 어우러져 자연 속 성지들과 고요함 과 그 고요함을 새벽 아침 새소리처럼 우주를 깨우는 목탁 소리도 좋다.

그 목탁소리에 함께 어우러져 울려 퍼지는 스님의 염불소리도 좋다. 오늘은 나를 찾아서 천왕산에 올라가 보려고 길을 나섰다.

도내에는 많은 사찰들이 있지만, 내가 찾은 곳은 한라산 기슭에 자리한 대한불교 조계종 천왕사이다.

제주의 편백나무와 삼나무 숲이 아름다운 곳, 그 숲 터널을 걷고 있으면 마냥 정신이 맑아지고 기분이 좋아지는 삼나무 숲 터널……

그 터널을 지나서 올라가다 보면 한라산 기암절벽과 수많은 봉우리와 골짜기로 이루어진 아흔아홉 계곡 그사이에 위엄 있게 자리 잡고 앉아 있는 사찰

천왕사는 기도도량이 영험하다 하여 전국에서 많은 불교인들이 찾아 참배하고 가는 사찰이기도 하고 사의 경치가 너무나 아름다워 관광객들과 도내 도민들이 많이 찾는 곳이기도 하다.

한걸음 한걸음 나무숲 아래서 발자국을 옮기며 주위를 둘러보고 양팔을 벌려 심호흡도 해보고 나는 기분 좋은 발걸음을 옮겨놓았다.

내 작은 발자국을 수없이 찍고 보니 어느새 천왕사 입구까지 다다랐네.

사찰을 둘러싸고 있는 편백나무가 내뿜는 숨소리와 그들이 내뿜어내는 숨향기에 나는 또 깊은 호흡을 하면 그들이 주는 모든 것들을 내 안에 담아냈다.

천왕사 대웅전 안에 들어섰다. 부처님을 향하여 삼배를 마치고 나는 자리에 앉아 잠깐의 명상의 시간을 가졌다. 항상 여럿이 동행하여 산행을 하던지 절에를 함께 가던지 했었는데 오늘은 혼자이다보니 맘껏… 시간을 활용할 수 있어서 너무 좋다.

함께하면 좋아도 나를 찾아 떠나보는 시간은 아무래도 시간적 방해가되니 가끔은 오늘 같은 시간도 너무 좋다 생각이 든다.

명상이란?

고요한 공간 안에서 차분한 마음으로 깊은 생각 또는 나의 의식이 평화로워지는 순간을 찾아보는 시간이기도 하고 집중하면 몰입해 보는 시간이기도 하다,

우주의 좋은 기운을 흡입해 낼수 있는 기운을 받기도 하고 때도는 모든 것을 내려놓고 무아 상태에서 내가 나를 바라보는 시간이 되기도 한다.

부처님 앞에서 나의 모습은 내가 볼 수 있는시간……

잠깐의 명상을 통해 나도 모르게 흘러나오는 눈물을 훔쳐내고 나는 법당을 조용히 나왔다.

햐~~

공기가 너무 좋다.

기분도 너무 좋다.

자연이 아름답다.

새소리도 참 예쁘다.

이 넓고 넓은 우주 안에 내 존재는 아주 작은 존재이지만 이런 존재 하나하나가 모여 우리 사는 세상을 만들었으니 이제 내려가서 참 좋은 세상을 만드는데 적극 동참해야 되겠다.

뜨거운 커피가 간절히 생각난다.

커피 한 잔을 손에 쥐고 이 자연 속에 함께 호흡을 하고 있으면 세상을 다 얻은 기분 될 것 같다.

내 손에 커피는 없지만 없으면 없는대로 아쉬움은 뒤로 하고. 이제 자연과 함께 주위를 둘러보고 또다시 나만의 세상 속에 취해 봐야겠다.

건강검진

세월의 흐름앞에 장사 없다 했던가?
무엇을 하면서 지금까지 살아왔는지?
어떻게 살아왔는지?

그냥 그렇게 살다 보니 내나이 벌써 50하고도 중반이 되어 버렸다. 살아내는 동안 참 열심히 산다고 살아온 것 같은데 돌아서서 되돌아보니 짜다로 이루어 놓은 것 하나 없다.

그 가운데 내 몸뚱아리는 여기저기 아파오기 시작하고… 이게 뭐지? 난 그동안 무엇을 하며 살아왔던 거였을까?
내 그렇게 열심히 산다고 살아왔는데 이루어 놓은 건 무엇인가?

나에게 남아 있는 건 지금 여기저기 아파오기 시작하는 몸뚱아리 체격은 비대해지고 늘어난 뱃살에 숫자만 쳐 불려놓은 나이 하며… 조금만 움직이려 해도 뼈도 아프고 허리도 아파오고 자연스레 에구구 소리가 절로 나온다.

어머니도 항상 그랬다. 앉았다가 일어서려고 해도 "아고고" 조금만 움직이려 해도 "아고고"
"아이고 허리야, 아이고 종에야"

그냥 아이고 아이고 소리를 흥얼거리는 노랫가락처럼 입에 달고 살으셨다. 문득 돌아보니 예전에 어머니가 그랬던 것처럼 어머니의 그때 그 나이가 되어 그전에 느꼈던 어머니의 모습을 하고 앉아 있었다. 나도 모르게 어머니와 똑같이 아고고 소리를 입에 붙이기 시작하고 있었던 것이다.

앗차차… 이건 아니다 싶다. 아직은 아니야. 아직은 날라 다녀야 될 나이인걸. 더럭 겁이 난다. 어쩌면 이렇게 어머니가 평생을 아프다 아프다 하시면서 살아가신 것처럼 나도 어느새 어머니처럼…… 지금 이래서는 안되지?

허리도 아프고 세상 좁은 줄 모르고 비대해져 가는 살집과 조금만 움직여도 숨이 차기 시작하고 늘 피곤하고…… 이제 점점더 빠른 걸음으로 더 안 좋아진 모습으로 자리하고 있을지 모른다. 가끔 주위 사람들에게서 "누가 어쨌때. 누가 어디가 많이 안좋대" 라는 말이 들려올 때마다 나에게는 오지 않을 일인 것처럼 안타깝다 여기고 그렇게 생각하고 넘어갈 때가 많았다. 그러나 이제는 그렇게만 넘어갈 때가 아니란 말이다.

건강검진. 그래 전체적인 내 몸 상태를 파악을 해봐야겠다. 나를 이루고 있는 오장육부 내 세포 하나하나들이 아프다고 힘들다고 울부짖고 있는지 잠행을 해보자는 거다. 건강검진협회에 예약을 해두고 약간은 긴장되는 마음으로 그날을 기다렸다.

"나는 건강하겠지? 아무 이상 없이 다 괜찮을거야!" 라고 스스로 위안을 하면서도 한편으로는 어딘가 안 좋은 진단이 나오면 어떻게 하지? 하는 생각에 걱정도 하게 된다.

긴장하며 예약된 날을 기다리는 동안 참으로 많은 생각을 해본 것 같다. 내 인생의 생(生).노(老).병(病).사(死)에 대해서도 깊이 생각해 보는 시간으로 필요했던 시간이었던 것 같다.

사람은 나고, 자라고, 늙고, 병들고, 죽는 과정을 거친다. 그러나 나는 병들고 싶지 않고 죽고싶지 않다. 나에게는 일어나지 않을 일인 것 같다. 나의 커다란 욕심에 불과한 일이지만 요즘 난 거울 보는 것도 싫다. 탱글탱글했던 얼굴에 주름이 자꾸 생겨나고 그 주름이 자꾸만 깊어진다.

얼굴에 탄력도 잃어 빛 잃은 모습이 되어 자꾸 밑으로 쳐져만 간다. 얼굴만 처 지는게 아니고 목주름에 키도 작아지고 허리도 굽어지고 배는 한라산 만큼이나 튀어나오고 어디하나 봐줄만한데 없이 자꾸만 자꾸만 바뀌어 가는 모습이 너무도 보기싫다.

그래서 거울을 보기가 싫다.

그렇지만 거부할 수 없는 인생의 과정이기에 받아들어야겠지?

서서히 내가 변해가는 모습의 나를 인정해 가면서 그렇게 그렇게~ 내가 나에게 적응이 되어가겠지. 그렇게 나를 인정하겠지?

건강관리 협회에 예약이 되어있는 날.

분주히 챙기고 건강검진 받으러 가보니 일찌감치 많은 사람들이 줄을 이어 있었다.

건강검진센터. 참 시스템이 잘 만들어 졌구나 하는 생각을 해봤다. 그 많은 사람들이 줄을 지어 서 있었지만 건강검진이 시작되니 바로바로 준비 되어진 순서대로 착착착 불편 없이 검진을 마칠 수 있었다.

검진을 마치고 검사 결과를 기다리고 있다. 검진결과가 이상이 있게 나오든 이상 없게 나오든 이미 내 몸상태는 내가 알고 있으니 이제부터 건강챙기기를 잘 해야 되겠다는 생각에 며칠 전부터 아침 운동을 시작하였다. 이제껏 실컷 부려먹었으니 내가 나를 사랑하고 내가 나를 돌보고 가꾸어야 겠다는 생각을 해본다.

건강관리 한답시고 시작한 아침운동, 아침에 일어나 솔오름으로 간다. 요즘은 여름이라 5시만 넘어도 날이 밝아온다.

6시에 일어나 솔오름으로 향하여 차에 시동을 키고 상쾌한 아침을 달려 나간다. 솔오름에 가보면 정말로 많은 사람들을 만날 수 있다.

사람들이 자신을 위해 건강한 삶을 위해 꾸준히 노력하고 관리하고 있는 모습을 보며 그동안 너무 무책임하게 방치해두었던 나의 몸뚱아리에게 미안하다는 생각을 해본다.

"지금껏 건강한 모습으로 나를 지켜주고 나를 이어주고 나를 만들어 주어서 고맙다.

이제는 내가 너를 가꾸고 다듬고 지켜줄게 건강하게 건강한 모습으로 활력 있는 모습으로 생기있는 모습으로 그리고 그렇게 내 삶의 활력을 찾고 더 멋진 인생을 만들어보자"

요즈음 새로움으로 아침을 맞는다. 날마다 오는 아침이지만 날마다 새롭고 날마다 아름답다. 매일 나에게 찾아오는 아침. 아침은 희망이고 행복이다. 점점 날마다 좋아지고 있음을 몸소 느끼고 있는 요즘이니까.

나의 꿈

"너는 커서 뭐가 될래?"

나에게 어른이 되어서 어떤 사람이 되고 싶은가에 대한 꿈을 물어온다면 "나는 자라서 선생님이 될래요"

동네 어른들이 나에게 장래 희망을 물어올때마다 서슴치않고 했던 나의 대답이었다.

"선생님이 되고 싶으면 공부를 해야지 맨날 들러키레만 댕기민 선생님이 될 수 이시커라?"

당당하게 나의 장래희망에 대한 답을 할 때마다 옆에 계시던 어머니의 받아치는 핀잔의 말씀이었다.

천방지축 온 동네를 휘젓고 다니며 뛰어놀기만을 좋아했던 아이였던 나였으니까.

초등학교를 졸업하고 중학생이 되면서부터 나는 만화책에 관심을 가지기 시작하였다. 순정만화로 먼나라 공주님 같은 소녀와 이웃나라 왕자님같이 잘생긴 남자 주인공과의 애틋하고 순수한 사랑이야기를 소재로 하는 만화로 내 호기심을 차지하기에 충분하였다.

내가 중학교 1학년 때까지 교복은 입었던 것으로 기억한다. 검정 스커트에 검정상의 하얀칼라의 카라를 한 교복.

교복은 중학교 1학년 한해 입고 2학년부터 사복제로 바뀌어 추억의 교복은 바이바이~

수업시간에도 쉬는 시간에도 온통 만화 속의 주인공이 나인 것처럼 그 책으로 책 속으로 빨려들어갔다.

수업시간임에도 검정 스커트 속 무릎 위에 만화책을 놓고 선생님이 교단 앞에서 열심히 강의를 하고 계신데도 난 열심히 수업을 듣는 것처럼 책상을 받아 앉아 선생님의 눈을 속여가며 한 장 한 장 만화 책장을 스릴 있게 넘겨냈고 가끔 선생님이 내 책상 옆을 스윽 지나칠라면 슬쩍 검정 치마로 만화책을 덮고는 아무 짓도 안 한 사람처럼 시치미를 뚝 떼곤 열심히 공부하는 척을 했었다.

지금 생각해보면 선생님이 내가 딴짓을 했던 것을 모르고 지나간 것이 아니고 모른척 해준 게 아닐까 싶다. 난 선생님의 눈을 피했다고 쾌재를 불렀었으니까. 생각하고 떠올려 보면 괜히 쑥스럽기도 하다.

"베르사이유의 궁전 등 지금은 만화책 제목은 생각이 나지 않는다. 나를 닮았던 주인공의 이름도 생각이 나지 않는다.

그러나 그때 당시에는 그 책 속의 주인공이 나인 것처럼 착각하기도 했었다. 그때 당시 나의 꿈은 선생님이 되는 것에서 만화가가 되는 것으로 바뀌었다.

노트마다 종이마다 주인공을 닮은 선남선녀를 그려 냈고 만화를 그린답시고 노트마다 나만의 스토리를 만들며 만화를 그려 내기도 했었다.

그러다가 고등학생이 되었고 그때 한창 유행했던 책은 그리움을 담아낸 이성을 향한 편지를 모은 책이었다.

책 제목은 생각나지 않지만 애틋한 내용을 담은 내용으로 그 책 또한 시리즈로 나왔었고 난 이번에는 이 그리움의 편지를 담아낸 책에 풍당 빠져 살게 되었다.

하라는 공부는 안 하고 늘상 알지도 경험해보지도 않았던 그리움이 어쩌고 사랑이 어쩌고 시인이 되겠다고 시를 쓴답시고 종이 괘나 날렸지 아마~

그러다가 어느 순간에 내 손에 잡힌 소설책 한 권" 임선영 "소설가가 쓴 소설로서 한 권의 소설책을 손에 잡게 되었다.

그때부터 임선영 소설은 나오는 데로 읽었던 기억이 난다. 그로 인하여 나의 꿈은 이제 소설가가 되는 것으로 바뀌어 버렸다.

또, 나는 소설을 쓰기 시작했다. 노트에 나만의 소설을 시작한다.

한 장, 두 장, 세 장, 네 장…

난 고등학교를 졸업하였고 사회생활을 시작하며 난 내가 꿈꾸던 길과는 사뭇 다른 현실을 살아가기 시작하였다. 그 꿈들은 잊은 채~ 그러다 보니 오늘이다.

아직도 완성해내지 못한 나의 소설~ 나의 꿈은 어디로 갔는지 그냥 꿈일 뿐이었는지. 아주 잊어버린건지.

그냥 막연하게~ 언젠가는 될 수 있지 않을까?

그냥 오늘 하루하루를 열심히 살다보니 현실에 무쳐지고 현실에 안주하고 살다보니 오늘이 되어버린 것이다.

글을 쓴다는 것

마음을 글로 표현한다는 것 어쩌면 너무도 쉽고 너무도 간단한 것 같지만 결코 쉽지도 않고 간단하지도 않더라. 순간순간 스쳐 지나가는 무수한 생각들…

그때 그때 그 순간을 글로 그려 놓았다면 차 암 좋았겠지만 그러기란 참 쉽지가 않더라는 것이다.

현실을 살아오면서 가슴 한 켠에 늘 남아 있던 것 글을 쓰고 싶다는 것. 이제 제대로 한번 해봐야겠다.

글로 나를 이야기하고 세상을 노래해 봐야 하겠다. 더 멋지게 더 우아하게 나를 표현하고 아름다운 세상을 글로 노래할 수 있다면 더 많이 심취해 보고 더많이 노력해보자.

이제 난 글을 쓸 수 있다. 어느 순간 글 쓰는 사람이 되어있었다. 글을 써야만 하는 사람이 되어 있었다. 이제 나의 꿈은 이루어진 것인가?

누구에게나 꿈은 있겠다. 그 꿈이란 놈! 그 꿈이란 놈은 자꾸 끄집어내어 이름을 불러주고 그 꿈이 있는 곳으로 자주 찾아가 주고 같이 놀아주고 경험해 준다면 잃어버린 꿈이 아닌 꿈을 이룬 내가 될 수 있지 않을까?

나에게 또다른 꿈이 생겼다. 시인이든 소설가든 만화가든 수필가든 간에 글로 나를 말할 수 있고 세상의 행복을 나의 글로 전달할 수 있게 되었으니 이제 더 많은 글을 쓸 수 있는 시간을 만들어내는 것이며 더 자연스럽게 더 많은 경험, 더많은 생각 더 좋은 말들을 글로 옮겨 놓을 수 있도록 해야 하겠다.

나에게 새로 생긴 꿈 그 꿈은 나의 꿈이기에 어렸을 적에 꿈을 가슴에 담았던 것처럼 새로 생긴 나의 꿈을 가슴에 담아놓고 그 꿈을 향해 뚜벅뚜벅 가야 하겠다.

그 꿈을 이룬 다음에 멋지게 공표를 해야 하겠다. 나 이렇게 꿈을 이루었노라고~

꿈이 있다는 것. 살아있다는 것이요 꿈이 있다는 건 희망이 있다는 것이요 삶에 에너지와 열정이 있다는 것이다.

꿈은 우리가 살아 가야하는 목표로, 또다른 희망으로 우리에게 행복을 주는 것이다.

누구에게나 꿈은 있겠다. 오늘 하루란 시간도 그 꿈을 이루기 위하여 쓰여진다면 참 행복하겠다. 그래서 난 오늘도 그 꿈을 향하여 달려 나간다. 내일은 또 다른 행복이 나를 기다리고 있을 터이니.

장날

맴 맴 맴 매미소리가 유난히 크게 들려온다. 우리 어므니가 장에 갔다 돌아오시나보다. 동네 한복판에서 땀 삐질삐질 흘리며 방치기 놀이를 하다가 헐레벌떡 버스 정류장 쪽으로 내달렸다.

우리 어므니 장에 가셨다가 맛있는 거 많이 사들고 돌아오고 계실까?

뜨거운 햇빛아래 등어리에 한짐을 짊어메고 양손에는 봉다리 봉다리를 들고 땀을 흘리시며 걸어오고계시는 우리 어므니. 오늘은 장날이라 뜨겁기 전에 장에 다녀 오신다고 길을 나서셨던 어므니

어므니가 장보고 돌아오시는 모습이 어찌나 반갑던지.

"어므니~" 쪼르르 달려가서 어므니를 맞이 하였다. 무엇을 담은 봉다리 인지 모르지만 "내가 들고 가께" 냅다 받아들고 앞장서 씩씩하게 앞장서 집을 향했다. 사실은 이 봉지 안에 들어있는 게 무지무지 궁금했었기도 했다.

"어므니 이거 뭐산?"

"응~이것 저것 샀쩌"

집에 도착하는 길이 왜 이리 멀지?

우리 어머니가 오일장 가실 적마다 사고 오시는 게 있다. 멩레기 라는 생선이다. 싱싱한 멩레기를 사다가 껍질을 벗겨내시고 시원한 물회를 만드신다.

된장에 식초에 청량고추 팍팍 썰어 놓으시고 시원한 물을 붓고 휘휘 저으시면 어머니표 물회 완성~

땀을 흘리시며 완성된 멩레기 물회에 앞마당에서 잘 자란 물외를 동강동강 잘라놓고 밭에서 잘 키워낸 청량고추에 어머니가 담근 된장을 발라 두루두루 밥상에 둘러앉아 침을 꼴깍 거리며 기다리고 기다리다 먹는 한끼의 식사.

둥그런 밥상에 둘러앉아 함께 먹었던 어느 여름날 어머니가 장본 후 함께하는 점심한끼.

어머니가 이고지고 짊어지고 사 들고 오신 보따리를 풀어보니 물메기 말고 또 다른 장본거리가 잔뜩 나온다. 참외도 있고 수박한덩어리도 있고 도너츠도 있고… 있고… 있고…

또 있다… 우리 어머니의 사랑

가난했지만 행복했던 나의 어린시절. 우리 어머니의 젊으셨던 그시절 하나 하나가 아깝고 소중했던 시절 나에게 추억하며 행복해 할수 있던 그 시절이 있어 너무 좋다.

지독히 가난했지만 그게 불편한지 아닌지 그저 평화롭고 행복했던 그 시절 난 가끔 그시절 그 추억에 빠져 헤맬 때가 있다.

요즘 내가 사는 세상은 물질만능에 모든 게 넘쳐나는 세상이다.

예전에는 아끼면 부자되고 아껴야 사는 세상이었지만 요즘은 그렇지 않다.

먼저 써야 하고 남들이 갖고 있는 것들은 나도 전부 가져야 하고 남들처럼 놀러 다녀야 하고 남들처럼 먹고 써야 한다는 생각이 지배하는 삶을 살아가는 요즘이다.

아껴야 산다는 어므니의 가르침을 머릿속 깊이 박혀있는 나는 요즘 우리 세대가 아닌 Z세대라고 하던가 세대들의 살아가는 방식을 바라보다보면 참 많이도 바뀌었구나 하는 생각을 하게 된다.

이제 내가 장보러 장에를 간다해도 아무도 길목어귀에서 기다리는 사람 없다. 내가 봉지를 바리바리 들고 온다 해도 그 봉지에 들어있는 게 무엇인지 궁금해하지도 않는다.

왜냐하면 그 봉지 안에 들어있는 것들보다. 전화로 시켜먹는 치킨이 더 좋으니까 햄버거에 콜라가 더 좋으니까. 피자한판에 시원한 콜라가 더 좋으니까

그렇게 길었던 시간은 아니었던 거 같은데 세상은 빨리도 변한다. 자꾸 급하게 변해버리는 모든 것들이 좋지만은 않다. 급하게 따라가야 할 것 같은 조급함이 먼저 앞선다. 그러나 여기서 또다른 평화를 찾아야 하겠지?

이 시간이 지나고나면 지금을 추억하게 될 새날이 올테니까.

솔오름을 오르다

오늘도 눈을 뜨자마자 물병 하나 챙겨 들고 수건 하나 목에 두르고 대문을 열고 밖으로 나섰다.

이른 아침이라 아침 공기가 시원하다. 차를 타고 시동을 켰다.

차 창문을 사르르 열고 차 안의 공기를 교체해 본다. 솔오름으로 출발~ 차 창문을 열고 조용한 아침을 달리는 기분 참으로 상쾌하다.

한쪽 손은 핸들을 잡고 한쪽 손은 차창 밖으로 내어놓고 손가락 사이사이 스쳐나가는 바람의 날개를 내 손으로 붙잡아 본다.

여름날 이른 아침 상쾌한 바람의 향기를 내뿜으며 휙 스쳐 지나가는 잡을 수 없는 바람은 너무도 시원하고 상쾌함을 나에게 선사해주고 스쳐 지나간다.

기분좋은 시원한 공기를 온몸으로 받아내며 나는 솔오름으로 향했다.

미약산. 서귀포와 한라산 중턱이라고 해야 할까?

서귀포 시내에서 서귀포의 명물 고등학교인 남주 고등학교를 지나 한라산 방향을 향해 곧장 올라가다 보면 남고 위 휴게소라는 곳이 나온다.

미약산(솔오름) 입구이다.

여기에 가보면 야외휴게소처럼 맛있는 먹거리와 음료를 판매하는 푸드트럭에 몇 대와 카페 푸드트럭도 준비되어있어 산행 후 내려와서 여유로움으로 커피 한 잔의 여유을 즐길 수 있어 더욱더 좋다.

미약이 오름. 그다지 높지 않으면서 산을 오르는 기분을 한껏 느끼게 해주는 오름인듯하다.

삼나무, 소나무, 편백나무 등으로 숲을 이루었고 걷는 내내 나무가 주는 상쾌함과 선선한 그늘에서 산행을 즐길 수 있어 너무 좋다.

왕복 소요시간 1시간 정도. 아침운동 하기에 딱 좋은 거리와 시간 계단을 하나 하나 올라설때마다 힘들게 힘들게 발걸음을 옮겨 놓는다.

비 오듯 흘러내리는 땀을 닦아내며 호이~호이~ 가쁜 숨을 내쉬며 차근차근 올라선다. 몸도 무겁고 다리도 무겁다.

몇 계단오르고 물 한모금 마시고 몇 개단 오르고 물 한모금 마시고~

휴~~~

끙차 끙차

한 계단 한 계단을 오르고 오르다보니 어느새 B코스 정상에 다다랐다. 정상에 오르고 보니 와아~~

해냈다. 정상에 다다랐다는 성취감에 기분이 좋다. 산들산들 솔오름의 솔바람이 힘들게 올라오느라고 고생했다는듯 열심히 부채질을 해주는지 시원한 바람이 옷자락을 펄럭이게 한다.

와~~시원하다.

호이~ 긴 숨을 몇 번 몰아쉬다보니 어느 정도 안정이 되어간다.

한껏 바람과 실갱이를 하다보니 서귀포 시내가 내 시야에 확들어온다. 내발 아래 좌아악 펼쳐져 있는 서귀포 시내가 내가 다 품어 안은듯한 기분이다. 온 세상은 지금 내 발아래 있다.

가슴이 뻥 뚫린 듯 시원 상쾌함. 이 기분에 힘들게 수많은 계단들을 오르고 오르는 것인지도 모른다.

머릿속에는 수많은 생각들을 품어 안고 한 발자국 한 발자국 발자국을 옮겨놓을 때마다 모든 시름과 고뇌를 던지고 있을지도 모른다. 어쩌면 아주 즐거운 일들이 있어 즐거운 기억을 회상하고 있는지도 모르지.

솔오름을 오르고 내리는 많은 사람들이 하나같이 땀이 비 오듯 내리는 모습들이다. 가볍게 오름을 오르는 사람들도 있고 나처럼 숨을 헉헉 거리며 힘들게 힘들게 오르는 사람들도 있고 그러나 서로 '안녕하세요~' 인사를 서로에게 용기를 주며 스쳐 지나간다.

누구나가 그러하겠지만 이 오름을 내려가면 또 다른 하루의 시작이 열릴 것이다.

각자 만나는 새로운 아침이 기분 좋은 일들로 가득가득 했으면 참 좋겠다.

묵을 것들을 땀으로 씻어내고 버리고 왔으니 어제보다는 좀 더 가벼운 오늘이 되지 않을까?

어머니의 심부름

"돼지고기 한 근 하고 두부 한 모만 사 오너라"

어머니가 나에게 심부름을 시키시며 몸빼 바지에서 꼬깃꼬깃 종이 지폐를 꺼내신다.

"예"

냉큼 돈을 받아 들고 상점을 향해 걸었다. 촐랑촐랑 뛰고, 걷고, 콧노래를 부르며 15분 정도 걸어 내려가면 동네 상점이 있다.

조금 더 초등학교 방향으로 내려가면 남양체인이 있고 그사이에 식육점이 하나 있다.

상점에 들어서면 맛있는 과자류와 보름달 빵도 우리제과에서 출시한 샌드위치 빵도 맛있게 정리가 되어있었다. 보기만 해도 침이 꼴깍 넘어간다. 가만히 서서 쳐다보다가는 상점 주인에게 두부한 모 달라하고 얼른 상점을 빠져나온다. 그리고는 식육점을 향해 발걸음을 옮긴다. "돼지고기 한근 주세요."

어머니 심부름으로 돼지고기 한 근이랑 두부 한 모가 들어있는 봉다리를 손에 받아들고 또다시 촐랑거리며 집을 향한다.

더러는 걷고 더러는 촐랑촐랑 뛰기도 하고 더러는 길가다가 떨어진 낙엽을 줍기도 하면서…

그렇게 걷다보니 어느새 집에 도착.

어머니의 심부름으로 상점을 오고 가고, 뭔가 잔뜩 기분 좋은 느낌으로 심부름을 간다. 왠지 모르지만 기분이 좋았다. 뭔지 모르지만 마음만은 굉장히 부자가 된 느낌이다. 그냥 세상을 다가진 느낌이다. 맛있는 쌀밥과 돼지고기를 먹을수 있어서 기분이 좋았을까? 아니면 다른 이유가 있었던 것일까?

어머니가 나에게 심부름을 시키는 날은 거기다가 돼지고기와 두부를 사오라고 하는 심부름을 시키는 날은 우리 집에 손님이 오시는 날이다. 손님이 오시는 날은 밥상이 두 개가 차려진다.

하나의 밥상은 손님을 위한 밥상으로 '반지기 밥'이 아닌 쌀밥이 올라간다.

금방 뜸을 들인 후 밥그릇에 담겨진 쌀밥 냄새가 솔솔 새어 나오면 나도 모르게 코를 킁킁거리게 되고 뱃속에서는 어느새 '나도 밥줘~~' 하는 소리가 우렁차게 들려온다.

'꼬르륵'

좔좔 기름기가 흐르는 쌀밥은 반찬이 없이 그냥 밥만 먹어도 꿀떡꿀떡 잘도 넘어간다.

그렇게…

맛있는 쌀밥에 그 귀한 돼지고기가 밥상으로 올라온다. '무룩하게~'

대접에 한가득 채워진 쌀밥이 올라오고 된장국에 돼지고기에 김치를 넣고 바글바글끓인 돼지고기 김치찌개 한사발.

아마도 어머니는 이 요리를 하면서 온갖 정성을 다했으리라. 그렇게 기다리던 손님이 오셨으니… 그 손님을 위한 밥상이었으니… 정성을 다해 밥상을 준비하셨을 어머니를 생각하니 가슴이 아파온다.

두런두런 밤새 수많은 이야기를 나누시며 밤을 하얗게 지새웠던 손님과 어머니. 그렇게 손님은 하룻밤을 보내시고 훌쩍 떠나신다. 꽉차 있는 것 같던 집은 갑자기 뭔가 빠져나간 듯 허전한 느낌이 든다.

난 아무것도 몰랐다. 어머니의 외로움도 몰랐고. 쓸쓸함도 몰랐다. 길고 긴 그리움도 몰랐다. 어른이 되고보니 그때 어머니를 이제 알 것 같다.

돼지고기에 두부를 사오라고 심부름을 시키는 날에는 그분이 오시는 날이었으니, 그날을 기다리며 긴긴밤을 보내셨을 어머니를 생각하니 가슴이 아프다.

어머니의 돼지고기 김치찌개 맛에는 누구도 따라올 수 없는 깊은 맛이 있다.

그 맛에는 어머니의 애정과 사랑과 한이 녹아 있다. 돼지고기 김치찌개가 먹고 싶었던 것이었던 것인지 아니면 어머니가 기다리는 그 손님을 나도 기다리고 있었던 것인지 잘 모르겠다.

이유가 무엇이었든지 나는 어머니의 심부름을 내내 기다렸었다.

내 나이 50하고도 중반이 되었지만 난 아직도 그 맛을 잊지 못한다.

어머니의 돼지고기 김치찌개 맛.

나는 지금도 가끔 돈뭉치 들고 촐랑거리면서 희망을 사러 가는 아이처럼 신나게 달려 임무를 완수했던 어머니의 심부름을 기다리고 있는 나를 느낀다.

어머니의 심부름은 희망과 한가득 채워지는 기쁨을 사고 오는 일이었다.

어머니는 그렇게 나를 어머니의 세상 속으로 밀어 넣었다.

우리 오라방

그 오라방은 우리 어머니에게는 아버지이자 남편이자 친구이자 아들이며 이집안의 기둥이었다.

우리 어머니는 늘 ~

모든 일에 우리 기용이~우리 기용이~

어머니의 장남인 기용이.

즉 나의 손위 오라방에게 모든 것을 의지하였고 기대고 살아오셨다. 오라방은 어릴 적 공부도 잘하였고 어머니가 원하는 대로 착한 아들이었다.

그 오라방은 내가 봐 본 즉슨, 절대적으로 어머니에게 순응하였고 무조건 예스맨인 것처럼 어머니의 말과 뜻을 거스른 적은 거의 없었다고 단언해 본다. 우리 오라방은 그랬다.

자신의 순응만이 홀로 2남3녀의 자식들을 키우시며 살아가시는 어머니가 힘들지 않게 힘이 되는 일이라 여겼으리라.

자신의 희생은 어머니를 위한 사랑이었으며 존경이었으며 효도라 여겼을 테니까.

그 옆에서 그를 지켜보며 자라온 나 역시 오라방을 쫓아 순응만이 답인 것처럼 그의 모든 일에 대해 당연하다거나 으레껏 그의 몫이라거나 그가 좋아서 한다고 여겨왔었다.

그러나 어른이 되고 난 지금 가끔 아주 어릴 적 이야기를 떠올리고 회상하며 옛이야기를 할 때 에면 그때에 대한 기억들이 결코 모든 부분이 아름다운 것만은 아니였다는 것을 알 수 있었다.

그런 오라방은 나에게는 늘 아픈 존재라고나 할까?

모든 것들을 묵묵하게 이겨내고 헤쳐나가는 오라방을 보면서 내가 대신해줄 수 없고 대신 아파줄 수 없고 대신 힘들어 해줄 수 없는 그저 지켜봐야만 하는 안타까움에 늘 걱정이 되고 늘 아픈 존재가 그 오라방이었다.

나는 그의 여동생이다. 그가 끔찍하게 아낀다는 여동생. 올케언니가 가끔 그런 말을 했었다.

'오빠는 가족에 대한 애정이 정말로 깊은 사람이라고~'

특히 어머니에 대한 사랑 그리고 동생들에 대한 사랑이 참 깊은 사람이라고.'

그이 여동생으로 나고 자랐다는 게 나는 자랑스럽다. 아주 어릴 적 오라방이랑 함께했던 한 장면이 문득 떠오른다.

우리에게는 아버지가 안 계셨다. 그래서 오라방은 우리의 아버지 역할 까지 맡아서 해야 하는 큰 짐을 지고 있었다.

어머니는 품앗이 일을 나갈 때면 항상 밭일이든 무슨 일이든 시키고 가셨다. 항상 학교 갔다 오면 해야 할 일들을 시키고 가셨으니… 그날도 그랬다.

토요일이었고 나도 오빠도 학교를 빨리 마치고 집으로 돌아왔고 오빠는 책가방을 방에다 놓고 물깡통을 준비하기 시작했다.

어머니가 물깡통에 물을 담아지고 오름밭에 물통에 물채워 놓으라 하셨다는 것이다.

우와~~정말로, 제일 하기 싫은 일을 우리에게 시켜 놓고 일을 나가신 어머니.

우~ 진짜~ 정말 정말 정말 하기 싫은 일이었다.

물깡통을 등에 짊어지면 물깡통이 내 몸무게보다 더 크고 무겁다.

집에서 멀리 떨어진 산오름 등어리에 있는 밭에 그 물깡통으로 물을 길어 올려야하는 일이었다.

오름생이 밭에는 보리를 심었고 보리밭에 농약을 치려면 물이 필요했다.

그 엄청난 양의 물을 오라방이랑 나랑 같이 그어린 등어리에 그 무거운 물깡통을 짊어메고 물을 길어 올려야 하는 임무가 맡겨진 것이다.

물깡통에 물을 채우고 등어리에 걸렝이로 걸려 짊어 메고 터벅터벅 낑낑 걸어올라 산중턱 위 밭에까지 수십번 길을 길어 올려야 하는 엄청나게 하기 싫은 일이었으며 수십 번을 왔다갔다 해야 채워지큼 커다란 물통을 채워내야 하는 엄청난 일이었다.

그 엄청난 일을 오라방은" 예'라고 하였으니, 아마도 그 일을 우리가 하지 않으면 어머니가 해야 하기에 우리가 하는게 더 낫다고 생각하였을지도 모른다.

어머니의 힘을 덜기 위해서…

헥 헥… 낑낑… 터벅터벅

"이제 몇 번더 해야되? 오빠!"

손가락 헤아리며 한번 더 한번 더를 하다보니 어느새 커다란 물통은 채워지는 듯하다.

처음 몇 번은 바닥에서 깔려 채워지지 않는 듯하였지만 반 이상 채우고 나니 빠르게 그 커다란 물통이 채워지기 시작하였고 결국 원하는 선만큼 물은 채워 졌다.

헥헥 거리며 그래도 임무를 완수했다는 성취감에 '와~다했다~'를 외치며 서로 헤헷거리며 빈 물깡통을 등에 지고 터벅터벅 집으로 돌아왔다.

언제면 채워지려나… 언제면 끝이 나려나 낑낑대며 오르고 내리기를 수십번 하다보니 채워진 물통에 오라방과 나는 다 끝났다는, 더 이상 힘든 동산을 무거운 물통을 지고 오르지 않아도 된다는 것에 너무도 신났던 것이다.

이렇게 토요일이었던 오늘 하루는 책임과 의무감으로 똘똘 뭉쳐진 우리 남매에게 임무완수로서 만족감으로 채워졌고 어머니에게 듣는 "착하다" 라는 말 한마디로 또 하나의 세상을 얻은 듯 회심의 미소 속에 저물어 갔다.

그 미소 역시 어머니의 짐을 덜어다는 것에 대한 만족감이었을 것 같다.

지금 오늘 이 순간 오라방을 떠올려 보자니 그때 힘들었던 그 모습이 떠올라 마음이 뭉클하니 아픔이 올라온다.

어느 순간까지는 모든 힘들었던 그 과정들이 추억으로 남아 있었다.

'그때는 그랬었는데' 라고 말하고 웃을 수 있었지만 지금은 아니다.

지금은 그 힘들었던 어린 시절의 모든 것들이 아픔으로 변해

버렸다. 지금 왜나하면 그 힘들었던 그 시절 함께했던 그 오라방은 지금 우리 곁에 없기 때문이다. 지금 그는 이 세상에 더이상 존재하지 않는다. 그래서 모든 것들은 아픔으로 변해 버렸다.

함께 했던 시간들… 힘들었지만 즐거웠다고, 아름다운 추억이라고 웃으며 꺼내 들었던 그 시간들이 어쩌면 오빠에게는 많이 힘들었을지 모른다 생각하니 그것이 아프다.

우리 오라방은 그 착한 오라방은 그 사랑하는 어머니를 홀로 두고 먼저 가버렸다. 뭐가 그리 바쁜지 그렇게 지켜주고 싶어하던 동생들을 내버려두고 먼저 가버렸다. 그냥 아무런 인사말도 없이 훌쩍 떠나 버렸다. 그래서 그 오라방과 함께 했던 모든 것들은 지금 다 아픔으로 남아있다.

나에게 아름다운 추억으로 여겼던 모든 것들이 지금은 아픔이 되어버렸고 응어리로 가슴에 남는다.

오라방과 함께 했던 모든 시간들은 아픔이 되어버렸고 순간순간 시도때도 없이 나를 혼돈과 혼란과 황망함에 빠져들게 한다.

미쳐 헤어질 준비를 하지 못한채 헤어져야 하는게 너무 아플뿐이다. 고마웠다고. 잘가라고 인사라도 주고받을 시간만 주어졌더라도 덜 서운할텐데… 아쉽고 아쉬울 뿐이다.

그래도 '시간이 약'이라고 한 말을 약 삼아 시간을 기다려 보기로 한다. 살다보면 평화로움이 내게도 찾아 오겠지…

'이 세상에 온 이유가 있을 것' 이라고 '이 집안에 장남으로 태어난 이유가 있을 거' 라고 늘 말하던 우리 오라방 그는 그렇게 어떤 사명감을 가지고 태어났고 우리를 만났고. 그렇게 열심히 살다가 어떤 임무를 완수 했기에 급히 철수를 했겠지?

그가 그렇게 훌쩍 떠남으로서 많은 사람들은 다시 한번 많은 생각을 했을 것이라 본다.

임무를 완수하고 주님의 나라로 훌쩍 떠난 미카엘 박기용님의 성스런 귀향을 존중하며 그의 극락왕생과 새로운 세상에 좋은 집안에 귀한 자식으로 다시 태어나기를 발원드린다. 나의 오라방이시여 편히 영면하소서.

극락왕생 하소서.
극락왕생하소서.
극락왕생 하소서.

사찰순례의 길

얏호!

여행을 떠난다.

베낭을 짊어 메고 잔뜩 부푼 가슴을 안고 전남지역의 사찰순례 길을 나섰다.

코로나로 인해 꽁꽁 갇혀있다가 코로나 통제 해제가 이루어지면서 지역마다 단체행사들과 그동안 못 다녔던 여행모임들 여행스케쥴 잡느라 다들 분주한 요즘이다.

우리도 빠지면 안될세라 전남지역 사찰순례를 계획하고 길을 나선것이다.

남편의 "조심해서 잘 다녀오라"는 배웅을 받으며 일행들이 기다리고 있는 집결지로 갔다.

몇 년 만에 떠나보는 여행인가? 간만에 순례자의 자세답게 완도행 배를 선택하였다. 배에 올라탔고 선내에 자리를 잡고 여장을 잠시 내려놓았다. 앉자마자 이제 무얼하며 즐거운 시간을 보낼까를 서로 연구하다가 누군가 준비해온 48장의 그림카드를 꺼내든다.

완도행 카페리호에서는 누구나 그렇듯 익숙하게 볼 수 있는 풍경들을 그려냈고, 웃고 떠드는 사람. 그림카드를 가지고 방바닥을 두들기는 사람들, 먹고 즐기는 사람들, 누워서 못 다 잔 잠을 청하는 사람들, 서로의 재치 있는 이야기를 나누며 깔깔대는 사람들 각양각색의 모습으로 출발해본다.

이제 그렇게 2박 3일의 일정은 시작된 것이다.

푸른 바다를 가르며, 바람을 가르며, 시간을 타고 달리고 달려온 배는 어느덧 육지에 도착했다는 기적소리를 뿜어댄다.

"뿌웅~! 뿌웅~~~!"

미리 예약되어 준비되어진 완도에서의 점심식사. 완도에서 제일 맛있는 집이라며 소개를 받고 예약한 집에서 영양 돌솥밥 한 그릇씩 후딱 해치우고 우리나라 최남단 땅 끝 마을의 달마산에 위치한 미황사를 향했다.

전남 해남군에 위치한 미황사의 뒤쪽으로는 병풍처럼 늘어서 있는 달마산이 한 폭의 그림처럼 앉아 있었고 달마산의 넓은 품안에는 미황사의 대웅보전이 단정하게 앉아있는 모습은 정말 아름다움 그 자체였다.

대웅보전은 미황사의 중심전각으로 한가운데는 석가모니불 좌우에는 아미타불, 약사여래불이 모셔져 있으며 미황사의 유물로 남겨져 있다고 한다.

한 폭의 산수화 그림 같은 달마산. 그 품안에 다소곳이 앉아 있는 미황사의 모습을 카메라에 담아내고 스님의 법문과 함께 참배를 드린 후 땅끝마을 전망대를 거쳐서 다음 일정인 대흥사로 향했다.

대흥사는 두륜산의 빼어난 절경을 배경으로 자리한 사찰로서 대한 불교 조계종 22교구의 본사이다.

두륜산에 위치해 있으며 두륜산을 대둔산이라 부르기도 했기에 원래 사찰명은 대둔사였으나 근대초기에 대흥사로 명칭을 바꾸었으며, 한국불교사 전체에서 대단히 중요한 위상을 차지하고 있는 도량으로 임진왜란 이후 서산대사의 의발(衣鉢)이 전해 지면서 조선불교의 중심도량이 되었고 한국불교의 종가집 역할을 해온 도량이라고 한다.

우리 일행은 이곳 산사에서 1박을 묵을 예정이다. 사찰을 여기까지 달려오면서 지쳐있던 몸을 잠시 쉬게한 후 저녁공양에 임했다.

2틀째를 맞이하는 우리는 전라남도 순천시 송광면에 위치한 송광사를 찾아 가기위해 버스 위에 몸을 실었다.

송광사에 도착. 예불에 참여를 하고 참배를 하고 반야심경을 동독하고… 법당에서 나와서는 안내자에 의해 사찰에 대한 안내를 받고 설명을 들을 수 있었다.

불교에서 가장 귀하고 값진 보배로 3가지를 들고 있는데 그것을 삼보라 한다. 佛, 法, 僧 그것이며 불교인의 신앙을 이 세 가지 보배를 값지고 귀한 것으로 알고 삼보에 귀의하겠다는 것이다.

우리나라에는 삼보 사찰이 있는데, 경남 안안시의 통도사, 경남 합천의 해인사, 그리고 이곳 전남순천의 성광사이다.

통도사는 부처님의 진신사리가 모셔져 있어 불보사찰이라 하고, 해인사는 부처님의 가르침인 팔만대장경의 경판이 모셔져 있기때문에 법보사찰, 송광사는 한국불교의 승맥을 잇고 있기 때문에 승보 사찰이라한다.

그리고 송광사는 다른 사찰에 비해 3가지가 더 많은 게 있다. 첫째는 정각이 많고, 둘째는 스님들이 많고, 셋째는 보물이 많다고 했다. 보불로는 국보 4점과 83점의 보물을 보유하고 있다.

송광사는 16국사를 비롯하여 우리나라에서 가장 많은 고승대덕(高僧大德)을 배출시켜 삼보사찰 가운데서도 승보 종찰 로서 국내외에 널리 알려져 있는 사찰이다.

송광사를 뒤로하고 다음 코스인 낙안읍성민속마을을 둘러보았다.

낙안읍성민속마을은 국난이 있을 때마다 나라를 굳건히 지켜온 충효의 고장이며 선조들의 값진 역사와 문화를 소장하고 있는 민족의 얼이 서린 곳으로 조선시대의 숨결이 살이있는 전통도시이기도 하다.

낙안읍성 마을을 둘러보면서 카메라에 조상들의 얼과 혼은 담았다. 그리고 돌아오는 길에 우리는 조선시대의 아낙네와 나그네가 되어 길가에 늘어서 있는 주막에 들러 도토리묵 한접 시에 동동주 한 사발을 주우욱~ 캬아… 좋다!

조상님들이 힘들고 고달플 때 이처럼 시원한 막걸리 한잔에 시름을 달래고 넋두리도 하면서 세월을 살으셨겠구나 생각하니……

막걸리 한잔이 시원한 꿀맛보다 더 좋게 느껴 진다.

저쪽에서 길을 앞장서 간 일행들이 그만 쉬고 어여 오라고 손짓을 한다. 서둘러 버스에 몸을 싣고 순천만 생태 공원을 향했다.

세계 5대 연안습지. 순천만… 북으로는 갈대밭이 남으로는 끝이 보이지 않는 광활한 갯벌로 이루어진 순천만 생태습지 공원.

갈대숲을 탐방하고 용산전망대를 돌아보고 우리는 또 사진 한 컷! 정말 멋진 한 폭의 영화 같은 그림들을 열심히 내 폰카안에 담아내었다.

갯벌 위를 쪼르르 거리며 돌아다니는 농게 도 볼 수 있었고 자연의 냄새를 맡으며 자연 속으로 자연 속으로 걸어 들어가는 모습들 또한 한 장면의 그림 같이 아름답다.

온천욕으로 하루 동안의 여독을 풀어내고 마지막 저녁을 또한 근사하게 한상 받아 앉았다.

지난밤에는 여행을 위한 여행이라고 술이 있어야 또 여행답다며 한잔의 축배를 거하게 들고 아침에는 숙취에 좋다는 다슬기 해장국으로 속을 달래며 마지막 일정을 위해 하루를 시작했다.

순창군 강천산 올래길 걷기- 군립공원으로 지정된 강천산길 입구로 들어서는 순간 내(川)를 따라 흐르는 물소리에 귀가 열렸고 눈앞에 보이는 폭포수며, 굽이굽이 둘러쌓여 있는 산이며 아름다운 자연에 마음의 문이 스르르 열렸다.

시원, 상쾌, 와~우 너무 좋다. 너무 아름답다. 세상에~ 이렇게 아름다울 수가 너무 멋지다.

어떻게 이 아름다운 자연을 말로 다 표현할 수 있겠는가?

걷는 내내 입이 절로 방긋거린다. 길 따라 이어지는 냇물줄기, 냇물줄기를 따라 흘러넘치며 불러대는 아름다운 노랫소리, 길 따라 늘어서있는 나무들의 숨소리와 새들의 노래 소리…

지금도 내 귀에 생생하게 들려오는 듯하고, 한폭의 그림들은 내 눈앞에 펼쳐진 느낌이다.

담양 죽녹원 거쳐 마지막 코스인 선운사에 도착했다. 호남의 내금강으로 불리워지고 있는 선운산은 '도솔산'으로 불리 우며 선운이란 구름 속에서 참선한다는 뜻이며 도솔이란 불도를 닦는 산이란 뜻이라 한다.

선운사는 금산시와 더불어 조계종의 도내2대 본사로 한국의 명승고찰로 유명한 곳이다.

속계에서 법계로 들어간다는 일주문을 지나, 사천왕이 모셔져 있는 천왕문을 지나 해탈의 문을 거쳐 선운사 대웅보전을 향했다.

선운사에서는 특히 걸출한 고승대덕들이 많이 배출되었고 대웅보전과 관음전, 영산전, 팔상전, 명부전, 산신각, 만세루, 천왕문이 있고 대웅보전 앞에는 6층석탑과 괘불대, 당간지주, 석주 등이 있으며 산내 암자로는 참당암, 도솔암, 동운암, 석상암 등 4곳이 있고, 선운사 대웅보전은 보물 290호로 지정되어 있다.

선운사의 사찰에 유래에 대해서 안내자의 친절한 안내를 받으며 두루두루 순회를 하면서 사찰에 대해 많은 걸 들을 수 있는 기회가 되었다.

이렇게 우리의 2박 3일의 일정은 모두 마쳤다. 비행기를 타려고 광주공항으로 가는 길

여행이란? 잠시 일상을 뒤로하고 일상에서 탈출한다는 것. 그

탈출은 떠나는 날의 설레임과 희망과 행복을 모두 담는다.

담고 담아 출발할 때 그 기대감 또 좋지 아니한가? 충전에 충전을 하고 돌아오는 길

집으로~~간다. 또 집으로 돌아가는 기분 또 좋다. 가족을 위한 선물꾸러미를 준비하면서 기쁘고 돌아가 두다리 뻗고 드러누울 수 있는 공간이 있다는 것과 누군가 나를 기다리고 있을 것이라는 것에 대한 안도감과 평온함들을 평소에 못느끼던 여러 가지 감정들을 다시 새겨볼 수 있는 시간들이 된다.

그래서 가끔의 일상 탈출은 우리 삶의 에너지가 된다. 그래서 우리도 다시금 떠나 보자.

아름다운 여행을~

유등축제 현장 체험에서

2010. 10. 9. 13:00경 나는 서귀포불교대학 제24기 재학생, 구룡사 합창단원, 서귀포룸비니불교산악회이라는 소속으로 서귀포불교문화원에서 주최로 열리는 유등문화축제 행사장인 천지연광장으로 향했다.

그곳에는 많은 불자들이 한자리에 모여서 유등을 준비하는 등 유등축제 준비가 한창이었고 행사장 여기저기에 제주도 전 지역 각 사찰신도 및 불자, 관광객들이 모여 저 만씩 가족 등에 열심히 소원을 담는 소원지를 작성하고 등 꼬리표를 붙이는 모습들을 하고 있었다.

서귀포 불교 대학을 입학하고 3주가 지나고 처음 갖는 행사로 나는 학교 동료들을 찾아 동료들과 합세를 하고 선배 기수들과 힘을 모아 가족 등… 여러 동료들의 유등에 소원을 달고 초에 불을 밝히는 준비를 했다.

각 사찰에서 온 신도님들과 서귀포지역 불교신행 단체 등에서 모여모여 이루어진 인산인해 그리고 색색별로 장관을 이루는 유등들이 정말 아름다운 광경이었다.

한쪽에 자리한 무대에서는 불교유등문화축제를 위한 의식행사가 이어졌고, 천지연 강줄기 쪽에선 서로서로를 도와 저기 저렇게 유유히 흐르는 강줄기 위에 각각 마다 소원을 담은 유등을 띄우기 시작하였다.

노랑색, 분홍색, 빨강색 하얀 색깔의 유등에 서로가 서로를 도와서 니 것, 내 것 할 것 없이 촛불을 켜 환하게 불을 밝혀주고 물빛위로 불빛을 띄우며 가가호호 마다마다 소원발원을 가슴속 깊이 빌며 기도하고 또 기도하는 모습은 정말 아름답다.

이보다 더 아름다운 광경이 또 있을까?

유등에 소망 등을 만들어 소망문안과 함께 천지연 다리 밑 호수에 띄워 가족건강, 소망 등을 발원하는 의식… 유등에 소원을 새기고 촛불을 밝힌 다음 천지연폭포에서 흘러내려 바다로 이어지는 강줄기를 따라 유등을 띄워 보냈다.

이제 어둠이 내려앉으면 천지연은 고요한 어둠 속에 잠길 것이고 천지연을 돌고 돌아 흘러가는 저 강줄기 따라 천지연은 온통 오색찬란한 유등의 불빛 속에 잠길 것이다.

서귀포에서 2010년 10월 9일 오늘 처음으로 유등문화축제가 열리었는데, 유등축제의 유래는 임진왜란 때 진주성 전투 시 진주성에서 풍등을 날려 성 밖에 군사와 가족들에게 안부를 전하는 군사신호로 활용한데서 유래한 진주 남강축제가 있고 이에 이어 제주에서는 처음으로 서귀포시민 안녕을 기원하는 천지연 유등문화축제를 봉행하게 되었다.

물과 빛과 불에 우리의 소망을 담아 소원서원하며 기도하고 기도하는 마음으로 유등을 띄워 보내고, 의식행사인 법요식에 나는 소속사찰인 구룡사 합창단 음성공양을 위해 고운한복으로 갈아입고 2부 행사에 참여하면서 많은 불자님들과 스님들… 모든 사부대중이 한자리에 할 수 있는 감동이 함께하는 정말 좋은 전통불교 문화축제장이었다.

단지, 조금의 아쉬움이 있다면 불자들만을 위해 이루어지는 축제가 아닌 먹거리, 볼거리, 즐길 거리를 추가하여 관광객, 또는 서귀포시민, 제주도민 모두가 같이 공유할 수 있는 축제로 이어지면 어떨까? 하는 생각이 든다.

보리가 익어갈 때

가을인가 보다. 유난히 하늘은 높고 구름은 하얗다. 바람은 선선하니 이제 제법 옷깃을 여미게한다. 천고 마비의 계절이라 했던가? 하늘 색이 유난히 파랗고 높고 높아 보인다. 청명한 가을날씨라 운전을 하기도 참좋다. 산록 도로위를 달리는데 화악트인 시야가 가득한 행복을 가져다 준다.

초록의 세상. 파랑의 세상. 하얀의 세상 그 모든 것들이 원색의 물감을 칠한 그림처럼 짙고 선명하다.

잘 익어가는 억새도 마냥 기분 좋은 듯 살랑거리며 오가는 차량을 향해 손을 흔들어주고, 온통 선명한 푸른 바닷빛을 한 하늘과 하얀 파도처럼 일어나는 구름도 나랑 친구하자고 달리는 차를 쫒고 쫒아온다.

푸름의 세상을 달리고 달리다 보니 또 하나의 추억이 한 장의 사진처럼 떠오른다.

어머니와 함께 했던 옛 그리움이다. 그게 나의 추억이다.

나의 의식 속에 나의 잠재 속 깊은 곳에 항상 함께하고 계시는 존재. 나의 어머니

어머니를 떠올리다보니 그 시절 그 시간 속으로 다시 빨려 들어간다. 어린 시절 그때로 돌아가 보자.

태양이 이글거리는 그때는 여름, 오뉴월이면 보리가 노랗게 익어갈 때 산과 들판에는 보리탈 빨갛게 익어가고도 삼동도 까맣게 익어가는 시간이다.

그 시절 우리 집은 아버지가 안 계신 덕에 힘들고 고된 일들은 어머니의 몫이거나 아니면 오빠의 몫이었다. 아니면 나의 몫이던가. 우리 형제들의 몫이거나. 주말이 되면 어김없이 어머니의 일손을 도와 책가방을 던져놓고 밭으로 가야 했으니 너무도 싫은 게 주말이었던 것 같다.

초등학교 5.6학년. 주말이 싫었지만 그래도 어머니를 돕는다는 건 그리 나쁘지 않았다. 나의 고됨으로 어머니의 힘 듦을 조금이라도 덜어드릴수 있다면…

오뉴월 그때. 보리철이다. 보리가 익어갈때면 삼동도,보리탈도 영글영글 맛있게 익어갈 때이다.

빨갛게 잘익은 싱그런 보리탈을 한 손가득 따놓고 그것을 한입에 털어놓고 오도독 베어 물면 보리탈에서 베어져 나오는 달달하고 향기로과즙이 내 세포들을 다 깨워낸다.

음~~맛있다.

삼동 또한 한가득 손바닥을 채워놓고 그것 또한 한입에 털어놓고 오도독 베어 물을 때 그 상큼함 또한 일품이다.

보리철이 되면 어머니는 동네어른들과 수눌음으로 서로 오고가고 도와 가며 일손을 나눈다. 예닐곱분의 어른들과 함께 보리나무를 베는 날이면 어머니는 최대한의 정성으로 점심을 준비하고 나는 어른들과 함께 밭일을 시작한다.

점심시간이 가까워지면 어머니는 최고의 정성으로 점심을 준비하신다.

동네에서 소문나게 손맛을 자랑하시는 어머니의 일품요리. 배추 놓고. 무우채 썰어 놓고 그 위에 콩가루를 사르륵 뿌려 넣은 콩국. 매운 청량 고추 송송 썰어 놓고 고춧가루. 깻가루 양념을 한 자리젓깔에 돼지고기 두부김치찌게까지.

낫을 들고 어른들을 쫓아 부지런히 따라 가보지만 따라갈 수가 없다. 그럴 줄 알고 미리 일찌감치 한쪽 귀퉁이로 자리를 잡아주었나보다.

"애야~. 신돌 가져오라… 애야~ 물가졍오라~~"

아예 심부름의 나의 몫이다.

어느덧 땀범벅이 되고 물을 벌컥벌컥 들이마시며 부지런히 보리를 비다보면 어머니의 외침소리

"옵써~와서 점심들 먹고 헙써~"

나는 손에 낫을 잡는 순간부터 어머니의 이 부름의 소리를 내내 기다렸는지 모른다.

내가 제일 먼저 "예~" 대답을 하며 달려간다. 점심을 준비하는 어미니를 도와 또 점심상을 차려놔야 하겠기에…

나무 그늘을 찾아 바라바라 박스를 뜯어 펼쳐놓고 그위에 점심 메뉴 근사한 잔치상처럼 차려진다.

솔솔 한점의 바람도 반갑고 또 반갑다. 맛있는 점심을 먹은 후 잠깐이 휴식시간 그때 잠깐 나무그늘 아래 누워 바람을 기다리며 쉬는 시간 그 역시 꿀 맛나는 시간이 된다.

어른들이 어머니를 거뜬히 거들어내는 나를 보고 "아이고 우리 미경이 잘도 착허다이~" 라는 칭찬의 소리에 빙세기~웃으며 달달한 휴식을 취한다.

어린시절 참 많은 일을 하며 어머니랑 함께 했던 시간들이었던 것 같다. 일하면서 부르는 어머니의 한많은 노랫소리 그리고 어머니의 한숨 소리. 그리고 또 우리에게 보이지 않으려 숨기고 숨겨 혼자만 흘렸던 한의 눈물, 힘든 삶을 혼자 짊어지고 살아가야 하는 한의 숨소리들 지금 내가 그때의 어머니였다면 어땠을까?

생각해보니 그 한을 내가 알아채지 못했던 게 죄스럽고 미안하고 또 미안하다.

그래도 한 켠으로 그렇게도 스스로를 위로해 본다. 나의 존재로 어머니는 또 한번의 용기를 내시고 더 열심히 살아 오셨을거라고…

그랬을 것이다. 아마도 어머니의 자식들은 어느하나 말썽을 피우거나 어머니의 뜻을 거스르거나 하지 않았으니…

아이구 내 새끼들… 어머니에게는 우리가 늘 자랑거리였으니.

그랬을 것이다. 그것이 어머니의 기십이었을 것이다.

천년의 고찰 법화사 신행에서

12월 12일

법화사로 향하는 길이다. 오늘은 서귀포 불교대학 23기, 24기가 함께하는 신행이 있는 날이다. 서귀포시 하원동에 자리한 천년의 고찰인 법화사는 드넓은 잔디밭과 그 안에 보기좋게 펼쳐진 연못을 품에 안고 있었다.

넓은 도량을 지나 대웅전에 들어섰을 때는 이미 많은 도반들이 먼저 자리를 메우고 있어 추운 날씨에도 훈훈한 열기를 주고 있었다.

부처님 전에 3배를 올리고 자리를 하고 앉았다.

삼귀의로 예를 올리고 지심귀명례(시방삼세에 가득하신 부처님의 가르침에 정성을 다하여 지극한 마음으로 예를 올립니다.)를 목탁소리에 맞추어 "예불 대 참회문"을 발원하며 300배를 올리고, 이어 법화사의 주지이신 도현스님의 법문을 들을 수 있었다.

도현스님은 뜻 깊은 법화사의 유래를 풀어 말씀해 주셨다. 해신 장보고의 석상이 2006년 8월11일에 우뚝 세워졌는데, 천년고찰인 이 사찰에 장보고 상이 세워진 이유는 장보고가 해신왕 장보고의 해상무역과 관련이 있으며, 종교적 기능뿐만 아니라 제주도 내의 정치, 경제의 중심구실을 한 것으로 보인다고 했다.

그만큼 법화사가 제주도의 종교적, 사회적, 문화적으로 유례가 깊은 사찰이므로 제주도민으로써 자부심을 갖으라는 말씀을 하셨고 법화사에 다녀간 것만으로도 큰 복전에 다녀가는 거라는 말씀도 있으셨으며 도현스님은 또 "보시"에 대하여 강조하셨다.

지금 현생에서 겸손과 베품 을 함께하면 후생에는 반드시 좋은 덕을 지닌 사람으로 다시 탄생할 것이다. 많이 베풀면서 밝은 사회를 살아가라는 말씀을 이으셨다.

도현스님의 법문을 들으면서 가슴 깊이 보시에 대하여 다시금 생각을 가다듬는 시간을 가져볼 수 있어서 정말 좋았다.

또, 서귀포 불교대학 학장님은 "불가의 참은 선이며 입정을 통해서 참선이 이어질 수 있도록 하고 참선에서 모든 걸 찾아야 한다. 불가에서 가장 중요한 것은 바로 참선이다." 라고 하셨다.

우리가 학교에서 배우는 것은 이론이지만 "신행은 행함이요 행함이 없으면 곧 죽은 믿음이기 때문에 행하는 게 우선 중요하다" 라는 말씀 또한 가슴 깊이 새겨지는 그런 시간이었다.

같이 배우고 행할 수 있는 도반들이 얼마나 소중한가?

도반끼리 서로 격려하고 힘을 모아 믿고 행함을 같이 하면서 더욱더 공덕을 많이 쌓고, 그 공덕으로 행복한 가정, 밝은 사회를 만들어 가자는 학장님의 좋은 말씀이 있으셨다.

이번, 신행을 통해 다시한번 부처님의 큰 공덕을 느끼면서 그리고 또 힘 모아 도반들과 단체의 힘을 빌어 신행을 할때 더욱더 큰 힘을 발휘할 수 있는 것 같다.

도반들과 함께 이루어지는 이 배우고 행함을 할수 있는 이 신행의 시간들… 몸소 체험하고 몸소 배우고 느껴보면서 한 발자국 더 부처님의 가르침을 깨달아지는 느낌이다.

오늘 이루어진 도현스님의 법문으로 전해져온 말씀처럼 간절하게 기도하고 겸허하게 받아들이고 나보다는 힘든 이들에게 베풀고 또 베풀어서 부처님의 가르침을 열심히 수행해야 되겠다는 마음을 가져 본다.

첫 신행을 다녀와서

2010년 10월 24일

24기 불교대학 입학 후 첫 신행이 있는 날이다. 불교에 대한 공부를 한다고 불교대학에 입학을 하고 배움의 자세로 임하는 첫 신행이라 겸손한 마음으로 약 천사를 향했다.

약 천사 사찰입구에서 부처님을 생각하며 1배를 올리고 절 안으로 들어서면서 제주도에서 가장 큰 약 천사를 다시 한 번 느껴보면서 법당 안으로 들어섰다. 먼저 참여한 법우들이 조용히 앉아 참선하는 모습과 그 모든 이들을 품에 안은 법당 안은 조용하면서도 장엄한 멋을 하고 있었다.

법우들 옆에 자리를 하고 부처님께 3배를 올리고…

지금까지 해왔던 그냥 다른 사람들이 이렇게 하니까 식이 아닌 뭔가 불교에 대해 공부하는 학생으로서 부처님의 법문을 배워 절의 법도에 따라 행하게 될 것이다.

부처님을 향하여 108배를 올리며 지금까지 못해봤던 참회의 시간을 갖고, 참회하며 절 을하고 발원하며 절을 하고… 또, 절을 하는 가운데 가슴속 저 밑에서 꿈틀대는 뭔가 느껴지는 게 있었다.

부처님의 따뜻한 손길… 그리고 중생들을 위한 부처님의 인자한 자비심을 가슴으로 느끼며 108배를 마치고 참선의 시간으로 들어갔다. 천수경 독송을 마치고, 저녁예불에 들어가면서… 절의 법도에 따라 행해지는 예불의식을 스님의 목탁소리에 맞추어서 다 같이 행하며 불교대학을 통해 몸소 체험하게 되는 저녁예불시간

성원스님의 법문을 들으며… 예불은 부처님께 예를 올리는 의식으로 아침 예불과 저녁 예불이 있다고 하셨다.

아침 예불은 부처님을 찬탄하는 예불로 예불이 끝나기 전에는 서로 간에 말을 하지 않으며, 새로운 이른 아침 첫 음성을 부처님을 찬탄하는 음성공양으로 시작을 연다는 의미라 하셨다.

부처님께 올리는 공양은 9시~11시 사이로 보통은 10경에 이루어지며 12시가 넘어서는 공양을 하시지 않는다 하셨다.
천수경은 공양을 올리는 의식 중에 행해지며 불보살을 찬탄
하고 잘못된 일에 대해 참회하고 발원하겠다는 내용이며, 또, 예불할 때는 부처님과 스님과 소통이 이루어지기 때문에 스님의 목탁소리에 맞추어 움직여야 한다고 하셨다.

몸과 말과 생각으로 업을 지을 수 있고 몸과 말과 생각으로 복을 지을 수 있다. 그러므로 우리는 항상 3好 운동을 해야 한다는 말씀도 하셨다. 좋은 생각을 하고 좋게 말하고 좋은 일을 하라.

"혼자 있을 때는 좋은 생각을 하고 둘이 있을 때는 좋은 말을 하며 셋이 있을 때는 좋은 일을 하라"

성원스님의 법문을 가슴 깊이 새기며 이에 이어 “행함이 없는 믿음은 죽은 믿음이다”, “행하면 공덕은 쌓는 것이다.”라는 학장님의 좋은 말씀까지 있으셨다.

많은 공부를 하고, 나를 돌아보게 하고, 나를 다시 한번 깨닫게 하는 시간이었던 같다. 내가 불교 대학에 입학하지 않았다면 이런 시간을 접할 수 있었을까?

다시 한번 이런 기회를 갖게 된 것을 감사하게 생각하며 많은 불자님들이 올바른 불법을 배우고 참된 진리를 배우고 익혀 좀 더 진실한 믿음으로 부처님을 향하고 참된 깨달음을 통해 좀 더 평온하고 안락한 개인 또는 사회가 이루어지길 바라는 바이다.

동네 한바퀴

이른 저녁을 마치고 동네한 바퀴를 돌고 오기로 했다. 시간이 초 저녁이라 동네 한 바퀴를 돌고 오면 딱 좋을 시간이다.

저녁 날씨가 선선하니 걷기에 딱 안성마춤이다. 저녁 운동한다고 남편과 함께 동네 한 바퀴를 며칠째 걷고 있다.

운동 삼아 걸어보는 동넷 길. 오랫동안 살아왔던 마을임에도 마을 구석구석을 돌아보다 보니 미처 가보지 못한 곳이 너무 많드란 생각이 든다.

생소한 마을을 걷는 듯. 새로운 동네로 탐방 온 듯한 기분으로 오늘은 이 골목 또 오늘은 저 골목길. 두루두루 돌아보는 요즘이다.

골목골목 걸어보고 가지각색의 모양을 하고있는 집들을 구경하며 걷는 맛도 꽤 괜찮다는 것 같다.

엊그제까지만 해도 덥다 덥다 노래 부르고 다니더니 지금은 제법 옷깃을 여미게 한다.

스카프를 목에 감고 가벼운 점퍼 차림에 가벼운 운동화를 끼워 신고 대문을 나선다.

손에 들려있는 핸드폰 시계를 보니 7시 35분을 말해주고 있다.

남편이랑 가벼운 걸음을 걸으며 '오늘은 어느쪽으로 걸어볼까?~' 의논 끝에 오늘도 가보지 않았던 방향으로 길을 성큼 한 발자국 먼저 내딛었다.
'오늘은 이쪽 길을 가보지 않았으니 이 길로 가봅시다.'

마을마다 집들마다 옹기종기 저마다 제 잘난 맛에 사는 것처럼 집들도 가지각색의 개성 있는 모습들을 하고 있다.

집들을 보니 집들도 다 성격이 보이는듯하다. 우리는 두런두런 동네길을 걸으며 집집마다 앉아 있는 집들의 성격을 논하기 시작했다.

잘 알지도 못하면서 풍수가 어떻고, 집이 앉은 방향이 어떻고 하며 서로 아는 척 연설하는 말 또한 주거니 받거니 한 작품을 만들어 낸다.

꼭 풍수학을 공부한 선생님 같네. 또 남편이 어렸을 적 나고 자라오면서 누비고 누볐던 동네인 만큼. 그중 즐겨 놀았던 장소가 나오면 일장 연설로 들어가기 시작한다.

옛 추억담이 끝도 없이 새어 나오기도 하고, 집들을 지나칠 때 생각나는 친구이야기. 뛰어 놀다가 다쳤던 이야기 친구들이랑 놀기에 빠져서 늦게 집에 들어갔다가 아버지한테 곤방대로 매를 맞았던 이야기들, 기타 등 등 깊고 깊은 사연들이 잘도 새어 나온다.

사연사연 굽이굽이 추억이 없는 사람 어디있으랴~

한 많은 보릿고개를 살아왔던 60년대 나고 자란 이들의 이야기들. 참 힘들었지만 가슴 따뜻해지는 사연들이다.

지나고 나니 추억인 것을

어느덧 두런두런 이야기 속에 길을 걷다보니 동네 한바퀴도 뚝딱. 뚝딱.

어렸을 적 이야기를 듣다 보니 오늘 하루의 동네 한바퀴를 도는 시간은 너무도 짧은 느낌이 든다.

누구나 아름다운 추억이 있듯이 남편에게서 어렸을적 이야기를 듣다보니 나의 어렸을 적 기억들이 새록새록 떠오른다. 그 기억을 더듬어 그 시절로 돌아가보니 회심의 미소가 흘러 나온다.

그때의 그 아이들이 지금 50줄의 중반을 바라보고 있으니~ 아주 작은 아이로 온 동네를 촐랑촐랑 뛰어다니다가 국민학생을 거치고 중학생 고등학생 지금은 비대해진 몸과 여기저기 몸에 고장이 나기 시작하는 나이가 되어 버린 지금이다.

유수 같다고 하였던가

총알같이 빠른 시간을 돌이켜 보니 많이 아쉽기도 하고 후회스럽기도 하지만 그래도 지금 이 순간이 좋다라는 생각을 해본다.

현실은 지금으로 후회스럽고 아쉽다면 지금부터 할 수 있는 게 또 있을 테니 그래도 오늘이 좋고 지금이 좋다는 것이 맞을 거 같다.

그래서 오늘도 열심히 동네 한바퀴를 돌며 추억을 기억하며 평화를 찾는다.